지혜의 찬가

지성 · 감성의 메타언어
조선문학시인선 • 316

지혜의 찬가

차 신 애 시집

조선문학사

■ 시인의 말

판다는 엉겁결이라도 수빠지게 분별없이 빠른 걸음으로 허튼 세상 일에 속절없이 쫓아다니지 않고 주니내지 않을 무사무욕으로의 삶의 방향으로 자신을 향해 놓은 어려운 느린 걸음을 선택했다.

판다는 이를 실천에 옮기면서 자신이 쇠가죽무릅쓰고 꺽죽거리는 감발저뀌의 강장걸음으로 어떤 살살이 되는 일에 갱충쩍게 남상하며 갈근거려 냅떠서서 가지 않을 것으로 다른 생을 유익하게 한다. 이 신고스러운 정신의 진실로 형성된 존재의 결과로서 자칫 그 자신은 일에 거래하는 것이라고 잘못 인식되고 무시당할 수도 있을 것이면서 세상의 어느 구석에서 그 높고 고상한 절조로 남을 참아주는 존재가 되어 있다.

2012년 初夏

차신애

제1부 / 아름다운 가르침의 증거

제2부 / 지혜의 찬가

제3부 / 매화마름

제4부 / 인경곰

제5부 / 시집평설

제1부

아름다운 가르침의 증거

그래서 나는 여기 홀로 있다

영적이고 심장중심의 생의 중요성을 알고 그 세계로 갈 수 있는 데까지 가보아야만 하는 것을 행동의 질서로 삼아 사는 내 성장규범으로의 평화를 임의롭게 누릴 깨끗함과 입심(立心)한 남에게 구속을 받거나 굽히지 아니할 청백의 단정함과 자경(自敬)하여 치장하지 않는 일양 수수한 내 이 길을 똑바로 걷는 행동인간의 아름다운 용모 앞에 자의(恣意)로 '우리가 어떤 사람인데?', 자승하여 '우리의 체면을 깎으려고 그렇게 하고 왔어?' 신동부러지게 반자받은 자유삼매한 반지빠른 끔찍한 악을 반죽좋게 쓰며 자락자락 더한 가로막고 서서 자빡대는 문전에서 인권을 알고 미혹이 없는 정신적인 현실을 발라맞추는 미온한 물질적인 현실과 같은 질서에 두지 않을 자품 큰사람으로 키우려고 어렸을 때부터 이제까지 발군공적이 되게 애쓴 높은 지식에 따른 고도로 세련된 정신으로 자분자분 고행을 요구하는 단순하게 살 존재의 지성에 이를 자행(自行)을 하지 않는 내가 나와 반대편의 극단에 위치한 영역에서 자닝한 반편스러운 천더기가 된 아뜩한 절망 속 미미한 것이된 미안쩍은 비극에서 허둥지둥 빠져 나온다.

네 막사에 재앙도 얼씬하지 못하리라

들깻잎이 한 주체에 감기가 졸연히 치밀하게 파고 와서 매우 부당히 시간을 느릿느릿 느티면서 신랄하게 몸을 열꽃이 피게 뒤끓는 발열과 해머질로 공격하여 고통을 줄 원혐할 두통의 그힘빼물은 병세(兵勢)를 퇴치시킬 이 효험의 병기(兵器)를 들고 몸을 버둥거려 꺾어든 힘진 전투로 옥셈한 그 병마(兵馬)의 세력에 절박하고 의미심장하게 부수지르는 격조높은 슬기로움에 정통하게 됨으로써 그 악의 병마의 대오가 졸난 변통으로 졸망히 횡허케 도망쳐 버리게 한다.

당신의 일터에 아직도 빈자리가 있다면

미나리가 한 주체의 몸의 얼개를 죽음의 병리고통으로 엉이야병이야 시달리게 하고 불의로 그 스스로 오류를 범하는 구속력을 가지고 위축시키는 미개하고 조야한 병리세력을 발근하려고 정면으로 맞부딕쳐 미심쩍은 탁한 혈액을 발본색원하여 깨끗이 하고 그 변절로 일키설키한 혈관도 말끔히 치워 혈액순환을 돕는 일신의 희생마저 검수한 정당한 활동으로 한 주체를 엉떼벙떼한 병마에서 어험스럽게 해방시킨다.

자기가 자기를 용서할 수 없을거야

장수말벌은 그럴수가 없는 적악한 화려함과 저러루한 분내를 좋아한다

자기가 보아도 쟁퉁이 같은 자신을 스스로 모집어 적개하고

어떤 수행을 할 판단의 원리도 바이찾지 못한다

제 본성을 변화시킬 조출한 마음으로 요량한 멸이가의 수수한 정서 바탕의 면면 고고한 기풍에 멀끔히 흠뻑 들기를 원하지 않는다

자신을 내적인 고요에로 들여놓은 생들을

자칫 잘못하여 그 존재근거를 무시해버리는 괴리 쪽을

모떠가게 되고 말 것을 알아내지 못한다

그 자체가 지니고 있는 생의 양상을 내적인 아름다움에로

이끌어가기를 그처럼 어려워한다

지극히 모순되게 자신의 진정한 생의 조건이 아닌 데에

그 어리석음이 어디까지 갈 수 있는가를 모르는 채 서 있다.

자아를 통제할 비장함으로 자신을 거듭거듭 다그쳐서

극도로 단순한 하나의 영혼이기도 한 유기체를 만들

혹독한 시련에 직면할 때가 아직 안되어 있다.

하나를 만들 수 있는 충분한 것을

낡은 한 벌 와이셔츠 길이에는
주름분을 둔 치마폭을
양쪽 소매로는 치마폭과 한데 이어져
전체를 더욱 넓히는 벨트와
전체의 흐름을 딴 방향으로 흘러가지 않도록 중심을 잡이
위로 이끌어 올려 추켜세우는 높직한 바대와
목에 걸어내려 겸허하게 허리 뒤쪽으로 둘러묶을
일정한 길이의 끈들
어정쩡한 중간치기 천조각을 이용하여
오히려 이를 고스란히 보전하고 완성시키는
기쁨을 가득히 채울 포켓 한 장
패턴을 둔 좀 더 쉽고 명료한 방법으로
꼼꼼히 나는 에이프런 하나를 마름질해 나간다.

구드러지다가 빨리 늙고 겅더리되다가 일찍 죽어가고말

오늘 나는 제살이로 생이 홍성홍성하게 매우 성할 나와 의기투합한 자기에게 누가 지탱과 힘이 되어 주겠다고 공교하게 제안을 해올 것 같으면 의당 구유전뜯지 않을 고항한 그 자신의 불타오르는 용맹으로 주저없이 아무것도 필요없다고 단연 거절을 할 한 생의 제살이를 궐방치게 궁흉극악하여 희생시켜 궤란쩍게 다른 어떤 검접한 하나를 으례건 살게 하려고 과과으로 구저분히 검쳐잡고 검뜯지 않으리라 괘념하여 다짐했고 검질기게 것질러 어느 한편만 두둔하지 않을 옳은 일을 하는 의민다운 의범으로 이를 궤젓하게 지켰어야 했던 내 이 의미심장한 금기사항과는 판이하게 토마토모종에 매일 버팀대로 괴벽스러운 이뇌를 받아 괘그르게 고생한 만큼 구드러지다가 빨리 늙고 겅더리되다가 일찍 죽어가고 말 내 인간성 전체를 들여 유아지탄할 내가 이승의 고통받는 생을 권권불망하지 못하는 궁따는 군흉과 그다지 다를 것이 없는 결국은 그 충실한 교의의 확고한 신뢰에 내가 때리는 배신과 그다지 다를 것이 없는 항상 구더운 주체로서 대우를 받아야할 그 자신이 희생대상에 올라서는 이궁한 재난의 바람의 저항에 골해로 골골무가 몸바치 게 할 마치 그 자신이 괘괘이떼어도 시원찮을 그 고통에 구성지게 응소하기라도 한 것처럼 그렇게 괘광스럽게 간단히 굽잡아 한자리에 꼼짝없이 세워놓고 만다.

지구 지킴이, 나

부득이 하는 옷감의 염색에서 물감으로 황토를 사용하면 온존해야 할 우리의 세상 전체인 절애지할 지구의 흙을 망송망송하는 채로 써서 절박하게 유실하고 말 절분하여 절규할 옳이 될것이므로 생태계의 생명체가 모두 절체절명의 비탄 속에 빠질 이 몹시 모질고 패악한 사용을 내 절절한 절렴으로 몹시 분하여 이를 갈고 팔을 걷어올리며 벼러 올차게 나를 통제하며 나를 엄습하는 이 절중한 절제통제를 앞질러 절찬한 주된 조리(操履)가 발라 어지럽게 아니할 수행으로 하는 태양의 신선하고 새로운 투명한 붉은 눈부심을 닮아가는 자기를 뛸듯이 기뻐하는 맨드라미나 절묘하게 세상의 선익을 열매맺는 샛노란 치자나 해마다 초록으로 스스로 정직하게 자라나는 깨끗하고 맑은 쑥을 일상에서 염료로 구해 쓰는 이 정도(精到)를 절행하는 정결한 내 이 정명(正明)한 노고로 생명지구가 절애의 상흔을 입지않은 원상태로 있게 할 이 절개있는 온건한 염색을 온판으로 체험하도록 나를 용명하게 이끈다.

제 진정한 모습을 숨기고 싶지 않습니다

우둥우둥한 길목에서 수십년만의 많은 사람들을 찾아가 힘겹게 떠맡아 거느렸던 삶에 치인 내 가시밭길 우직한 고통의 영광스런 온오한 밥벌이로 그 고통이 아직도 영육에 생생히 살아 남아있는 완전히 다른 옹동고라진 몰골로 요냥 골병들이 있는 어쩌면 박수갈채를 받고 존중반아야 할 온건한 사람으로 보아도 될 나를 보고 그 행동의 의미를 내가 진정으로 내게 대한 친절한 근심어린 눈길로 여기지 못했던 것은 아닐까 생각해 버리고 싶은 우두망찰할 행동으로 온몸을 요개부득으로 흔들어가며 만족의 광기에 도취된 경향으로 운남바둑 통쾌하게 외대어 비웃고 그 심상(心狀)의 빈둥거린 격의 마비상태에 이른듯 입을 잔뜩 비틀어 연속 내쪽으로 돌려 놓고 외신해야 할 인간적인 것으로의 진보를 늦춰버린 것처럼 가차없이 놀린다. 사람들이 나를 단번에 알아보지 못하는 것이 나를 슬프게 하지 않고 칭찬도 나를 즐겁게 하지 못하고 존재의 높이에서 요공하지 않는 내 귀중한 주체를 완전히 거짓일 수 있는 외면적인 속성 속에 두지 않을 인간내적인 이 조월성은 내게 있어서 현실인 내 인생행로에서 끊임없이 경계하는 울분으로 마음을 울컥거리지 않을 것과 오한이 들고 소름이 돋는 이 전개과정을 통해 내가 울칩으로 접어들지 않고 오히려 이를 비장하게 즐거워 해야 하는 더한 어려움을 겪는다.

아름다운 가르침의 증거

여러 집 어줍은 홍학새끼들이 한자리에 다붓하게 모여 생명의 질서를 사랑하는 너와 나의 삶의 안전성을 위해 다떠위지 않을 똑바른 행동의 규범을 둔 정신과 동시에 마음으로 행동하라고 저들의 전체성 안에 존재하여 가르치는 보모홍학의 열정어린 지도 아래 일시에 모두 가장 시급하게 배워야 할 달리기를 연습한다. 홍학새끼들은 달리기를 두고 자신에 열중하면서도 늘품 다른 생의 자유로운 생의 열중을 중시할 열정을 가지고 어느 한순간도 발걸음을 얼밋얼밋하여 발밤발밤하지 않고 언죽번죽하여 냅더서는 존재에서 태어나 진정 할 수 없는 다른생의 발걸음에 침해되는 행동을 하지 않는다. 눈부시게 변화할 모습을 자신들을 내면에 의식하고 있는 홍학새끼들은 매우 근사하게 완성하는 이 달리기에 속도를 더할 얼러방치는 알갯짓도 벼름벼름 해보면서 저들에게서 가장 아름다운 부분이 되는 것을 보여주는 몸을 위로 들어올리는 영광스러운 발전을 하게 될 날기에로 이끌어간다.

어마지두할 키질을 하거나 체로 쳐서

참깻대들을 다발로 짓기 전에 시들시들한 잎들을 떼어낸다. 참깻대들에 달린 소득소득해 가는 잎들을 어째서 그런 일이 일어나는지 모를 야릇하게 소루한 미온적인 태도로 그냥 두면 참깻잎들은 시부저기 말라 편편이 바스라져 내가 불신을 조장하는 따위의 풍조를 일으키는 짓으로 참깨들에 시뻐할 티로 뒤섞이게 될 것이므로 이 일을 근본과제로 알아 생략하지 않는다. 내가 참깨의 향기롭게 무르익은 그 준절한 진가를 가려줄 이 일은 시위적거려 지체하면 할수록 제 순수의 빛을 밝혀야 할 참깨에 섞인 그 속성상 참깨가 무의미한 것이고 엉뚱한 것이며 폄격하는 모욕의 대상이 될 것이므로 어떤 삶이 옳은 것인지를 모르는 어령칙한 티를 어마지두 키질을 하거나 체로 쳐서 상쾌하게 날려버려야 할 것이다. 인간의 청빈을 선의 기본가치로 받아들인 내 이 누차 되풀이해서 해야 할 무사무욕한 행동양식은 상대를 애바른 고의로 피해를 주지 않고 애성이로 야멸치게 씰그려뜨려 절망시키는 것이 아닌 상대를 더 평허하게 만드는 애틋한 이 일로 참깨들이 생을 절규하는 기겁할 만큼 가공할 정화를 겪어야 할 영혼의 고통 같은 것은 받지 않게 될 것임에 틀림없다. 따라서 나는 아름찬 이 일을 안추러 거의 뱀들이로 행동에 옮긴다.

어우렁더우렁 하기를 좋아하지 않는다

카멜레온은 여느 상대와 어우렁더우렁하기를 좋아하지 않는다. 자신의 든직한 품위로는 상대의 어떤 지옥업력으로나 여겨지는 왁자지껄한 듣그러운 행동을 따라하지 못한다. 어떤 지오한 들먹은 상대와 어리뚝하게 맞붙여 들레며 씨우기보다는 평소의 자신의 드레진 걸음걸이로 상대를 그냥 무심코 지나쳐간다. 만일 상대가 자기의 이러한 어리눅어하는 심사를 들떼놓고 자신을 들떼리어 함부로 모양새가 못생긴데다 동작도 굼뜨고 태만한 놈이라는 둥 과분을 모르고 감히 어디라고 어리댄다라는 둥 구구한 말들을 야스락거려 쏟아내는 상황에 이르게 될 것 같으면 지극히 착한 그 자신도 자기를 덧들이는 지정머리 사나운 상대에게 지정거리지 않고 들뜨여 찐덥게 덥적여야 할 무슨 직성풀릴 조처가 있을 수 밖에 없어 도파니 진노하여 들이덤벼 주먹을 전무하여 들입다 지질러 공격을 퍼부어 직수굿하게 할 수도 있을 것이었다. 카멜레온은 모든 생들을 지복으로 이끄는 힘과 지자불혹할 지조와 절개를 지닌 자신이 행여 그 직심을 잃고 드리없이 그랬다가는 상대가 들찬 자기에게서 아뜩하게 내둘려 약비나는 처참한 신세로 덩거칠게 내리질려 진나게 넉장거리되고 말 것이라고 알게 될 자기 죄를 끙짜놓고 덴겁해져서 온몸이 시커멓게 지지러뜨려 질리고 진저리쳐지는 두려움으로 빳빳하게 굳는다.

진정으로 살아있는 것에 해당하는

민물가마우지는 종의 모습으로 입안에 가득 머금고 온 시원한 물을 둥지에 든 어린 새끼들에게 내리부어 집요한 더위를 진하게 식히고 진정소발로 새끼들의 육과 영을 키우고 양생하게 할 진진한 물로도 어기차게 먹인다. 민물가마우지는 진나게 머금고 온 이 물의 혜택으로 보배롭고 귀중한 앳된 새끼들이 어연간히 더위도 풀게 하고 막중한 새끼들의 앞참에서 저들이 과거의 씻기고 먹은 맑고 순수했던 물의 기억을 떠올려 몸으로 직면하여 물을 대하는 어떤 일이 일어날지 예측할 수 없는 실존의 불안과 염려없이 자기의 일에 진망궂어 개입하지 않고 구경꾼처럼 바라만 보고 서 있는 질매당할 군것진 것이 되지 않을 자기의 책임을 자기가 지는 진정으로 살아있는 것에 해당할 떨쳐서 펼 이 마뜩한 자기역할을 진면목 진심갈력으로 앙그러지게 해나갈 막능당한 용기를 진기성하여 불어 넣는다.

존재 질서의 총체구조

짖는원숭이들이 한무리로 늘어서서 용가봉생과 같은 저들 목소리로 불러대는 다발성 구구한 아름다운 노래들의 구절속에 해당하는 대컨 저들 중 어느 누가 번버스름한 상대에게 깊은 생각없이 달랑이는 행동을 했을 때의 귀에 솔은 뭇입도 있고 또 자신이 그저 방종하지 않고 반듯하게 살아있다는 사실을 왜장치고 있고 또 자신이 아무 하는 일 없이 번주그레 가만히 있으면 기쁨의 수확이 없이 의당 넌더리나게 대근할 것이라는 것과 또 불명에 이르러야할 자신들이 최선에 따라 살아 뇌한 불명예를 피하자는 다짐도 있으며 또 버물지 않고 백절불굴할 온건한 존재가 대액 마뜩찮은 모함에 빠졌을 때 띠앗머리로 번갈아 들며 그를 온존하여 정당화시킬 더넘 의분하는 마음을 다지기로 토로하며 또 다번 세상 가운데서 일어나는 반항할 줄 모르는 온유함을 외수외미하며 옴씰할 악용으로 농간부리는 성취도 평화도 없을 외겁 느물한 불신풍조에 대항해서 단순한 변화가 아닌 온판 옴나위없이 대타지할 수 있는 의기를 노심초사 북돋아 너볏이 커다란 용기가 있는 행동으로 영광스럽게 옮기자는 이 명백한 선언들을 한다.

그것은 자기 정체성의 원천이다

피멜리아는 우아한 기품마저 흐르는 선한 자신의 존엄성을 악으로 들입어 발라맞추고 발거리놓아 생의 파괴를 꾀하려드는 그 이유없는 바잡은 경거능축한 모멸의 망창한 끕끕수를 당할 뚝별난 혐오스러운 영예롭고 진정한 진실에 미치기에는 어림도 없는 불의가 박겁하여 도전해 오면 다른생들이 그렇게 해도 옳다고 해야 할 것이며 그 행동을 보편화 하도록 해야 할 불의에 져서 죽지 않기 위해서 정의로운 자신의 뜨거운 심장을 거쳐 가슴을 두근거리며 불의를 이겨낼 강구한 삶의 힘을 모질음써서 내고 분노의 기색이 완연하게 성나 펄쩍펄쩍 날뛰는 성격을 가진다. 피멜리아는 자기가 지니고 태어난 이 성질이 언뜻 보기에는 자기의 삶에 큰 방해가 되는 것 같아도 모름지기 어느 누구에게도 옳은 것이 되어야 하는 무엇과도 바꿀 수 없는 귀중한 자신을 정당하게 두려는 무르익은 완강한 요인이며 이것을 그 자신의 본성 안에 이미 화끈히 담아 있다. 피멜리아는 자신이 이 정의로운 화끈한 성격을 그 순간에는 그렇게 못나 보일 수가 없게 '너무 어려워, 도저히 불가능해'하며 자신 안에 머줍게 묵혀두고 드리없이 불분명한 채로 거래하는 것이라면 면부득 그 자신은 도저히 빠져나갈 수 없는 악의 구렁으로 검기울어 가서 더 이상 정의로이 살아있는 몸일 수가 없을 것이라는 것을 알아 그 자신이 전념한 일로 불의 앞에 막엄히 뛰고 으으렁대어 소리까지 지른다.

해남의 허수아비 · 1

해남의 허수아비가 무트로 쏟아지는 폭우속의 천둥번개에 하마터면 비명을 지를 뻔하게 깜짝놀라 눈이 휘둥그래진다.

정신을 가다듬어 지나새나의 지난한 일로 지러지고 흡사 막대기같이 야위어 뼈만 남은 쓰러질 뻔한 몰한 몸을 깡마른 발치로 땅을 단단히 몰박아 중정하게 버티어 선다.

행여 몸이 몰요량하여 지동치듯 몰밀어 불어가는 지딱이는 지망지방한 비바람에 몰몰아 실리다시피하여 아찔하게 지리멸렬될 것을 지력으로 못지않이 걱정하고 겁에 무럭이 창백하게 질려 지려한 닦달로 지며리 지사불굴할 몸을 중후하게 바로 세워 가눈다.

해남의 허수아비 · 2

해남의 허수아비는 폭우가 방금보다 더욱 격렬하게 퍼부어 금새 지런지런 넘쳐나는 지수(止水)에 무괴어심할 누더기를 걸친 무양무양한 몸이 무릎도리부터 빠져들고 중동을 넘겨 이내 제 모습을 완전히 잠겨버린다. 무자맥질하는 시렴이 따르고 온몸으로 떠는 두려운 위험을 중기로 과감하게 받아들인다. 투명한 빗물에 동화되면서 하느님께서 일러주신대로 살아갈 세상물정의 번잡한 화려함에 헤갈하여 빠지지 않을 고귀한 자아로의 참된 모습의 정신의 세계를 누구보다도 생생히 체습한다. 이 영혼의 성숙에 도달할 의식을 겸손되이 수행하여 정신의 내적 아름다움과 상관하는 청평세계를 사는 청고한 지혜로 간절히 소원한 청허한 자태의 중화(中和)가 있는 퍼벌로 까딱 아무 까닭없이 중구난방 남의 중절거리는 비방을 듣고 체량하지 않은 초라떼 무질림을 받은 고통의 흔적이 역력한 수모도 말끔히 씻어버린다.

어머니

서로 어울리지 않은 둘을 묶어놓은
여우에 홀리신 어머니

네가 남자를 무서워하여 내가 강제로 그러했다
무섭게 큰 실수하신 어머니

내 눈에 무엇이 쓰이었다
두 주먹으로 가슴을 치다 가신 어머니

내 한생동안 끊임없이 불어오는 모함의 바람 혼란 속에
회오리되어 우시는 어머니

네 인생에 내가 미안해서 어쩔거나
꿈에서 비시는 어머니

제2부

지혜의 찬가

정령에게

풍향계의 몸이 공중으로 높이 들어 올려지면서
간단없이 나부끼기 시작한다
세찬 바람이 강한 회오리를 일으키며 몸을 훑고 지나간다
시퍼렇게 질린 우여곡절의 풍향 속에서 널부러지기를
되풀이한다
간이 벌렁 뒤집힌다 피가 흩뿌려진다
살이 올올이 풀려나간다
뼈가 허물어지면서 훌훌 날린다
이것은 마치 혈전장과도 같다는 느낌을 되뇌이며
머리를 절레절레 흔들며 떨쳐버려야 할 것들을
지닌 자들의 고통이 얼마나 격렬한가를 생각한다
천방지축으로 돌변해야 하는 바람을 이해해 본다
그러다 보니 바람의 숨결이 한층 가까이서 들려온다
몸이 끝없이 닳아간다 해도 이것이 새로움이 된다
이제 영육간 더 풀리지 않을 정도에까지 도달한다
정령은 머리와 날개로 남는다
무한 속을 날아오른다.

그분 홀로 먼저 알아 주신다

긴꼬리원숭이는 자신이 눅느러진 무방비 상태에 있는 것을 보면 적이 자기를 야지랑으로 다림보고 언제라도 공격해 와서 다떠윌 것이므로 모질음써서 소리지르고 윽박지르는 시늉으로 주먹을 휘둘러 보인다. 긴꼬리원숭이는 자신을 속박하는 것에서 벗어나기 위한 싸움을 해야 할만큼 몸이 보짝 튼튼해지고 근육도 모다기모다기 불룩불룩 나와 담차게 되어 자신의 생의 답파 중에 덤비는 적의 위협을 받지 않는다. 그런 이상 그 자신은 적의 달구치는 공포에 휩싸여 모골이 송연해진다거나 행여 자기가 적에게 죽어도 못할 살려달라고 달게구는 처지가 될까 보아 단박 놀라움으로 가슴이 쿵 내려앉는 일은 분명 없다.

흰꼬리원숭이가 완전히 자기의 넘친 힘만을 적과의 싸움에서 이겨보일 수단으로 사용할 뿐으로 자신을 지킬 수 있고 명야복야할 선을 최대치로 살고자 하는 자신의 경건한 생의 투명성이 되는 것으로 생각건대 자신이 힘으로 적을 다지기게 욱질러서 넘늘어지게 하고 다닥쳐서 상처를 남겨 퇴치하는 탄식으로 넉동다가고 말 때까지 가면서 하는 적과의 대결을 미리부터 영발하게 회피하여 자기에게 스스로 고통을 주는 것을 허락하기 않을 눈치이다.

•

월계관을 씌워 주셨나이다

된장이 해를 늘려 오래 살아야할 사람의 두통을 없앤다. 이는 사람의 바른 지향의 선의 머리에 감기가 헝겊 사부랑삽작하게 들어와서 머릿속을 혹독한 두통으로 검은 음모가 들어있는 사악한 모략중상을 써서 우악하게 벌끈 뒤집고 펄펄 끓는 고열로 끙끙대게 볶아치는 반란을 일으키어 심히 고통을 주는 위각난 본새로 앙당거리는 심술이 가득 밴 울분한 이란격석의 생경싸움에 동원되고 이 원혐할 원흉에 분개한 의협된 이타로 소용이 되어 사람의 천부적인 선의 아름다움을 왜곡시키는 악마의 울골질하는 불경으로 이죄한 두통에 울꺽거리는 울발한 의기의 기량을 몸소 호기롭게 정의를 위해 고통을 받는 대공세를 펼쳐서 다른생을 위해 받는 고통은 영원한 화관의 보석으로 장식될 것이라고 한 불가결한 들이닥치고 덤벼 울룽대고 욱대기어 서릊은 선이 악의 공세를 막아 낼 수 있는 튼튼한 요새를 구축한 위공의 쾌거로 잘못했음이 틀림없는 이 부르터닌 포로는 선을 원굴하게 한 운남바둑 부자량한 부끄러움으로 존엄한 선의 두뇌 세계를 말끔히 놓아둔 채 뒤도 돌아보지 않고 줄행랑을 친다.

높은 사색과 인내의 단련으로 겸허한

참깻대들이 조금도 휘어지는 기색이 없이 어우러진 한 아름의 같은 높이로 다발이 지어진다. 참깻대들이 어빡지빡하지 않을 이 일을 둔 자기에게서 한시도 눈을 떼어서는 안되는 것으로 예외 없이 모두 다발의 높이가 일정해 있는 어연번듯한 역량을 타울거려 발휘하면서 각기 제 마음속에 이 일에서 자신의 신뢰가 얼마만큼 중요한지가 깊이 각인되어 있는 서로가 서로에게 어리뜩하게 그늘을 드리우지않을 서로의 구별과 풍요를 불러낼만한 힘이 있고 그 자체 이상의 삶을 유지시켜 영원의 전조를 보일 그중 어느 하나도 잃을 두려움없는 슬기로운 연관이 가능해진다. 참깻대들은 벌써 서로 서로가 서로에게 가리움이 되지 않을 이 분별있는 주의를 기울이며 불가피하면서도 그런대로 즐거운 것이기도 한 타는 갈증의 지난함을 회피하지 않고 시련에 굽힘이 없이 이 규율을 어름거려 어기지 않을 정신과 마음을 성스럽기조차 할만큼 어귀차게 벼린 줄기찬 빛속의 열기를 공정하게 받아 바이 밀도가 좁혀지고 무게가 줄고 부피가 졸아들고 질감이 굳어지고 개별을 이루면서도 하나로 합쳐진 앙당그러지는 구조 속에서 높은 사색과 인내의 단련으로 이르러야 할 겸허한 마름의 길로 완벽하게 들어서려면 아직 채 절반도 가지 못했다 하며 쉬임없이 말라간다.

그 이상의 무엇일 수 있는가

콩대를 낫으로 베어 들여가고 남아있는 빈밭 땅속의 콩대의 밑둥의 수많은 뿌리들이 하나로 어우러진 큰뿌리는 육안으로 보아도 확연히 알 수 있을 정도로 어숭그러하게 많은 뿌리혹 박테리아를 두어 애면글면 분주하게 안추러 질소의 거름의 성분을 생성해 내어 자기의 삶의 방식같은 척박한 땅을 보고도 못본 척 하지 못하는 성격을 타고나 땅에 거름으로 공정하게 전부를 넘겨 그 행실이 선하고 덕망이 높고 존경받아야 할 일을 이미 다 마친 것으로 아장바장 그치지 않고 그리고도 어떻게 여전히 신선한 그 안쫑잡은 의로운 역할을 해낼 수 있을까를 깨쳐 몫몫이 자체의 그 진실성을 항구의 복된 땅의 빈자리를 채워줄 이 길의 진리를 나보다 더 알고 있으면서 힘든 시기를 버티고 오래 참아 생명을 생명이게 하는 순수의 힘을 쏟을 진정한 거름으로 안차게 썩기를 성실히 기다린다.

시혜(施惠)

빨래비눗물이 흘러가면서 그 구조를 이룬 구성성분이 근원적으로 없었던 것처럼 물로 분해한다.

뻗지르는 빼젓한 분해로 빽빽이 샛말갛게 물로 변신하는 뛰어난 능력을 보인다

빨래비눗물이 뻗가서 분해되지 않은 채 오랫동안 물을 오염으로 뻗대어 좀먹어 뻔히떴다 들어가면 마침내는 삐딱이 수단방법을 가리지 않고 이끗을 보려고 노리는 오염된 물과 함께 뿌득뿌득 생태계를 뻣성내어 사날로 파멸시키고 말 것이므로 뻐들지 않게 몸을 뻘근 뒤집는 죽을 기를 써서 분해한다.

빨래비눗물은 이 생태계 파괴로의 사사스런 반란의 형태를 띤 압도적인 우세로 생억지쓰듯 편의주의를 생청붙이는 사불범정할 곤댓짓하는 합성세제와의 그 생사경의 생게망게한 혼란의 원인을 서릊어 관련되지 않으려고 세수나게 숨을 새근발딱이며 거기에서 소원할 데로 멀리 달아나버리기까지 한다.

주님께서 너를 마음에 들어하신다

지렁이가 관대한 흙소에 씨가 들어 실생하여 불멸을 마련하게 할 일에 망망히 종사할 일군으로 땅속에 순근히 들어 있으면서 숨고는 꽉 막힌 흙벽과 정면으로 마주쳐 진리를 따라 사는 사람이 빛이 있는 데로 나가듯이 척박한 땅을 충실히 뚫고 지나간다. 돌이 난무하는 시산성의 사건이 있을 뻔하고 흙더미에 짓눌리는 공간의 막막함을 배겨내는 이 시찰은 극기로서 몸을 쭈그러뜨렸다가 펼쳐 온몸의 기력이 다 시그러질 듯 시르죽어 기진맥진해 지도록 이 시역에 실쌈스러운 노력을 기울인다. 그의 그 슬금한 모습이 지닌 그 형상화된 고통은 우리가 그 노동의 힘드는 공간에 지각있게 들여서지 않고서는 보기는 하나 보이지 않는 그 고통을 전혀 가늠할 길이 없음을 나타낸다. 그가 깨어 지켜 걸음을 찌뻑거리며 걸어 땅을 갈기만 해도 큰 진보를 제공하여 벌써 우리가 복된 것이 될 희망을 지녀 볼 농사에 풍년이 들게 하고 그가 어둠에 접근하고 그 어둠을 밭을 갈아 밝힘에 따라 가리워진 채 알아내지 못했던 차츰 땅에 통기가 잘되고 부드러운 흙으로 되어 가는 진실을 보게 된다.

힘든 길로 해서 좁은문을 거치는

고무줄이 이때껏 그 자신의 무엇이 이런 확신을 가지도록 만든 것인지 모를 행동의 목적인 그 본질이 지극히 고상하며 영예로운 선을 향한 품격들의 융융한 공동체를 이루어 보려는 의행으로 자신의 일부일부를 이럭저럭 다 떼어 다랑귀뛰는 다른것에게 내주고 없어 항아리의 테두리를 두르기에 매우 짧다. 느루 제 일을 제쳐놓고 율기제행하지 않은 애먼 어정뜬 다른 생의 뉘우쁨없는 책임과 의무를 어김없이 애면글면 다 져서 의젓잖게 을밋을밋 가해지는 개탄할 야멸처서 도덕적으로 정당화될 수 없는 뇌한 이뇌를 받아 가혹하게 더넘으로 담타기 쓴 다변한 자신으로 자신에게 위임된 사명과 직분을 다하지 못하게 된 늘품한 생존의 이유가 없어진 애절한 이궁으로 달구쳐지는 눈띄게 공허한 존재가 되어 있는 것을 보는 일은 참으로 견디기 어려운 일이어서 혹독한 시련의 의합할 수 없는 손실로 고통스럽고 억울한 생으로 얀정없이 희생되어 버리게 할 수 없는 이 문제에 직면한 꾀하여야 할 특별난 의기지용으로 제 일을 제가 하도록 단행하여 어쑺하게 생을 평미리치는 나는 힘든 길로 해서 좁은문을 거치는 장하고 갸륵한 그를 위한 이 거사에 쓰일 때를 기다려 서랍 속에 넣어둔 애오라지 노끈 하나를 그 극심한 고통을 애틋하게 어루만지듯 묶어준다.

기원

음식물찌꺼기가 간절한 자기기원으로의 토력을 도와 풍려하게 쓰일 탁절한 물거름으로의 열망을 향해 고통과 희망이 있는 데로 자기를 몰아넣었음이 분명하게 치달음으로 썩으면서 인류에게 대단한 은전을 입힐 65℃이상의 열을 낸다.

음식물찌꺼기가 폄격으로 있지 않으려는 제 덕재로 기침없이 쏟아내는 뜨거운 제 몸의 가장 혹독한 시련의 시기의 탁마의 열의 기운에 걸출하게 채인다.

몸통 전체가 고난으로 표차로이 갈리고 고통으로 신음하고 그 갈림과 고통의 신음이 크면 클수록 제 몸으로 기운을 수용하는 가능성의 정도도 확대되어 경이로이 자신을 다그쳐 터울거려 속속들이 썩는다.

이 변형으로 비롯되는 찬란한 기쁨에 겨운 탈쇄한 물거름이 된다.

제 고통의 풍년처럼

하분하분할 정도로 아직 덜 썩은 음식물찌꺼기를 밭에다 하염직한 거름으로 경건하게 수저로 똑똑 떠서 낸다. 학이지지한 바 음식물찌꺼기가 우유불박하게 썩으면서 내는 열의 농작물을 촉성재배하는 효과를 낼 적절한 힘을 절정하게 이용하는 것으로 이 거름의 발효열을 적시적지 적용한 촉성재배는 농작물을 적원심노할 화학의 생장촉진제를 써서 재배하는 적폐로의 하치않은 수단과 탐오한 방편을 써서는 안된다는 중요한 사실을 품고 있다. 풀풀한 화학의 생장촉진제를 편법으로 쓰는 이 탈일한 재앙이 되는 괴이로운 일은 설령 그 필용이 인류를 장태평하게 먹여 살릴 먹을거리의 다생산적인 쟁쟁한 바탕에서였다 하더라도 재우쳐야할 해를 미칠 일의 기틀을 일찍 알지 못한 뉘우침보다 더 빠르게 올 필유곡절을 근심하고 저어하는 인류의 그 사용을 잦추어 저저이 저큼할 요구의 용단한 해결로서 인류전체가 지는 용건한 결속의 의무가 필요하다. 농작물의 곁에 내려진 부글부글 끓는 거름이 분연히 위로 솟구치다가 잔달은 것이 될까 보아 늦추지 아니하고 옴씰하고 머리를 거꾸로 온건한 땅쪽을 향해 옴나위 없는 제 고통의 풍년처럼 온이로 잔질러 잠겨든다. 지멸있는 거름이 죽어도 지기로 다시 살리라는 생각을 한 것인가? 거름은 지금 생명에의 투신이 절박한 것으로 이제부터 점점 더 우쭉우쭉 자라나고

풍성해 가야할 농작물에 자기가 푼푼히 품었던 것을 고스란히 반납한다.

성공과 번영

퇴비장의 무드럭진 풀들이 물썽한 썩기로의 세계로 들어간다. 풀들이 말라 심하게 뒤틀리도록 물큰 날씨가 다른 일은 잠시 밀쳐두고 거대한 무리를 지어 달려오고 무시로 비도 주룩주룩 내려 매순간마다 거듭 물초가 되게 돕는다.

풀들은 어제까지의 자기의 생의 구조를 초월하여 오늘은 이전보다 더 큰것이 되어 일할 능력을 깍듯하게 몰수이 갖출 열정으로 몰칵하게 썩기에로 자신을 몰아가며 전신으로 땀을 흘린다. 풀들은 자기를 물쩡물쩡 잃는 것이 아닌 와해될 지각이 생긴 내어주는 자세로의 자기를 온전히 찾는 것이다. 풀들에게 그침없는 뭉방치기 같은 뭉그대는 고통이 따르는 것은 풀들이 미대지 않고 다른 생의 생명에 바투 한데 엮어질 모춤한 힘의 미더운 원천이 되게 하기 위해서이며 다른생을 살지게 하고 생장하게 할 보완적인 힘을 매기단히 쏟아부을 것이 되려면 무력소치로는 될 수 없다는 것을 알려줄 따름에서다. 풀들은 이러한 자연이 정한 대로의 제 모습을 발견하기에 이를 나날이 변해가는 도무지 상상조차 할 수 없을 만큼 엄청난 지금까지의 미묘한 시련과 고통을 다 잊고 더 이상 고통을 입지 않을 수난이 끝난 아주 반듯한 한몸에 스스로의 삶이 희망의 증거가 될 신선한 거름이 된다.

어느 날엔가 땅에 묻혀 흙으로 돌아간다

퇴비장의 참신한 유대로 켜켜이 쌓인 최적의 협력 속의 명달한 풀들이 거름으로 이미 드러나게 썩어간다. 풀들이 서로서로의 완성을 찾아야 할 일에 맞문하여 지극히 매시근히 썩음을 무한정하게 확산한다. 풀들은 행여 이를 망망히 망단하게 실천하지 않아 자신들이 방앙시탄할 쓸모없는 모습으로 남지 않으려한다. 풀들은 저마다 사색을 바탕한 자유로이 이루어진 판단의 결과로 망주야하여 매나니 썩기로 맥진할 만난을 무릅써서 부단히 썩기를 열망한다.

풀들이 본질적인 이 썩기로의 멋거리진 과정에 집중하여 자신들의 드러나는 동시에 은폐되어 생명에로 연결될 향기로운 거름으로의 희망을 만유루없이 이룰 수 있도록 실천한다. 풀들은 주체의 구조를 초월해 가며 죽음의 의미를 보는 어쩌면 가장 어려운 순간일 수도 있는 이 상황을 침묵 속에 기꺼이 인정하고 복종하여 평온하게 받아들인다. 풀들은 썩기란 실상 그저 한순간 어려울 것임이 틀림없을 것이므로 쓸데없는 실의나 좌절은 메지나게 멀찌막이 버리고 없다. 풀들은 면면 만고불역할 웅장한 지혜의 이 일의 완성에 이를 이미 모습을 갖추어가는 스스로를 절박하게 매개보는 망중에도 조급함에 매이지않는 느긋한 여유로움이 있다.

내가 살아있을 수 있다

삽으로 밭흙을 떠서 위로 들어올렸다가 아래로 뒤엎어 내려놓으면 흙들이 한데 양적으로 균등하게 몰입되면서 씨감자를 심을 두둑이 세워진다. 밭흙에 밑거름으로 넣은 두엄으로 씨감자의 생장에 좋은 영향을 줄 흙의 기름지기가 증대되고 그만큼 두둑의 높이도 높아진다. 내가 일매진 두둑을 앞에 두고 잉위지하여 뒤로 한걸음씩 나아가면서 같은 방향으로 반듯하게 두둑을 세우도록 내 정신의 힘으로 지위하고 내 노동으로 자종하여 내가 일을 침착하고 치밀하여 틀림이 없이 몰아붙여 진행해 나가는 진실함을 찾는 나를 지켜볼 수 있다. 내가 자허하여 단일한 중심점 있는 두둑을 높이 세울 때까지는 진정 의미있게 삶을 사는 사람들이 그러하듯 자그마치 숨찬 가슴이 떡 벌어질 것 같고 삶에 참뜻을 부여하여 전신으로 진땀을 흘리는 사람들이 겪는 고통같은 진나는 어려움이 있지만 두둑이 비에 씻기고 빈약해질 염려가 있어 지혜는 하나의 실재라고 한대로 손으로 흙을 쓰다듬어 모서리없이 둥그러미로 만드는 동안은 진묘한 휴식같은 쉬움도 있다. 내가 뚜렷하고도 순수한 진일력으로 하는 이 일에 피할 수 없는 어려움이 있다면 구별되고 독립되어 있는 진이한 쉬움도 있는 것은 그만큼 내가 일의 유한한 한계를 받아들이지 않고 일을 지칫거리지 않게 하려고 있나 본다. 나는 내 심층을 보듯 진득하게 땅을 깊이 파서 정신을 가다듬어 두둑을 높이 세워 놀리는 지용겸비한 이 일삼매에 들어 삶의 바른 지향을 간직한 나 혼자서 삶의 선함을 즐기는 이 일을 짐벙지게 감당해 내는 선으로 판단하는 기준이 될 만큼은 되는 벌써 한 말이지만 으뜸되는 찬찬한 사람이라는 사실이 무엇보다도 기쁘다. 나는 일심전력하는 내 정신의 순박한 이 일에서 괴로움을 겪으면서도 그새 상서로이 총명하게 일에 익숙해져서 남아 있는 내가 진심갈력할 일을 훨씬 쉽게 받아들인다.

스스로의 삶이 희망의 증거가 되고 있는 사람들에게

생물들이 생명의 기운을 넘치게 쏟아 붓는 햇빛을 받도록 밭두둑에 죽음처럼 보이는 검은 비닐커버를 씌우지 않으면서 조뺀 꽃하늘지기가 가지런할 힘을 가진 데다 조뼛조뼛까지 하는 제 사날로 절이하게 풀끝으로 농작물의 끝진 뒤쪽에 조붓하게 자리잡곤하는 것을 하게 하고 풀솜나물이 풀풀하지 않을 정신을 받은 것이 확실하게 옆에 서 있는 농작물을 떠둥그뜨리는 조라떤 갈개질을 하지 않을 조만조만한 조심으로 위로 솟아 이르게 하고 까실쑥부쟁이가 생의 기쁨으로 풀럭거리는 낯내지 않는 잎들로 꾀까다로운 적에게 쫓겨온 풀무치를 내대지 않고 숨겨 풀쳐 주게 하며 냉이가 생의 기품을 땅속 깊이 뿌리내려 탈이 없이 편안하게 난데없는 긴 갈퀴손의 놀림이 날래기로 난다긴다하는 나티상의 원더링바이올린사마귀에게도 내둘리거나 무서워하지 않게 하고 민들레가 날름대는 풀첩지를 난중지난으로 꽃등 뜯어먹혀 살리면서도 씨앗을 가득 품고 난든집나게 영글어가는 정결한 꽃대를 난공불락하게 위로 번듯하게 세우게 하고 꽃여뀌가 원형의 땅내나는 붉은빛 꽃을 피워내게 하고 풀흰나비가 따리붙여 어떤 잇속을 둔 꾀음꾀음하는 꾀바른 행동 같은 것은 하지 않는 단심으로 즐겨 팔랑거려 날게 하고 낙막락 풀노린재의 눈물이 가득 괸 두 눈에 미소가 피어나게 해볼 일이다.

그대는 평화의 사자가 될 수 있다

인분이 귀중한 거름으로 합당하게 쓰이도록 햇빛에 꼬들꼬들하게 말린다. 인분이 산들산들 불어가는 청풍에도 진둥한둥으로 말라지면서 마치 잘익은 밤톨같기도 하고 향기로운 솔방울 같게도 보인다. 내가 이 진귀한 것을 평온하게 코끝에 살짝 대어 맡은 그 향기의 심오함은 자연에 비참한 위기를 끼칠 무질서와 파괴의 일조가 되지 않을 자위지 오염을 막는 맡은 일의 어려움을 일세지웅의 용기와 자분자분한 인내로 수습하는 풍모있는 자아로의 총달한 인격으로 성장해 가는 사람들의 청초한 삶을 발견하기에 이른다. 또한 내게 있어 이 향기의 그윽함은 깊은 사회의식이 필요한 현시대 정신과 같은 자연의 질서가 자작지얼로 초심고려할 생명을 위축시키고 예측을 전혀 불허하게 한계를 지우고 더 이상 추상이 아닌 초주검되게 변화되어 가는 사태를 감당하는 괴로움이 없이 그대로 편해지겠다는 것이거나 일찝게 여기고 실추된 당연한 것으로 자빡대어 자뿌룩하게 진행되는 대로 방치하는 죄인의 처지가 되지 않을 일에 일준하는 초초하는 지각이 생긴 성장에서 더 하다. 나는 각자가 혼자서의 형이상학적 지식으로는 불가능한 자연의 정화로의 순치가 가능해지려면 삶의 한순간까지도 정신을 가다듬은 모두에 의한 인격적 일치로의 전적인 협력이 되어야 할 것을 무력하게 절박한 노력없이 촉탁할 수 있거나 저절로 해결되리라고 짓적게 기대하면 안될 것이므로 초범한 이것을 내존공할 총명한 지혜로의 기쁨과 초직한 초연(超然)에 담아 풍려로이 일할 바탕을 개척한 밭으로 마련한 활력을 안고가서 날로달로 자신을 한 인격체로 만드는 자기증여로 탄성을 지르며 총총 더욱 땅의 기운을 솟세 하여 초절하게 그 생산실적이 대단할 농사의 초꼬슴이 될 진벙진 밑거름으로 최대한 천세나게 충실히 쓰이게 할 것이다.

이것이 아버지께서 원하신 뜻이었습니다

- 마태 11:25~26

숫진 농부는 순무의 생명의 씨앗을 삽으로 땅을 담차게 깊이 파서 높이 세운 두둑에 달싹하게 고랑을 내어 심는다.

순근한 농부는 이 일을 답치기놓거나 노량이거나 시틋하지 않을 자신의 내적인 존엄성을 고스란히 느끼면서 순무씨를 시부저기한 넉장뽑은 평평한 땅에다 담빡 흩어뿌리기에 달떠 단작스럽게 기우뚱하지 않는 총달한 의지가 있다.

순량한 농부는 일이 힘에 부치고 시근벌떡하게 숨차고 눅느러지는 고통을 감당하며 느루 쇠스랑을 달막여 두둑의 한부분에서 다림보아 고른간격을 둔 다붓한 다른 부분으로 다부닐어 달근달근 옮겨가면서 낸다.

숫한 농부가 실쌈스럽게 낸 순무씨가 흙에 파묻혀서 실팍한 생명체로 다발성의 실생 시작에 완전한 몰입을 할 고랑은 반듯하고 고르다. 이 시역은 그 자신이 삶의 중요한 순간들에 대끼고 노그라지게 닥뜨려 이루어 놓은 장하고 갸륵한 업적 중에 가장 훌륭하다.

꾸밈이 없고 장식이 없다

송장메뚜기는 제 순박한 정신에 따라사는 허물이 털끝만큼도 없는 자신의 평화로운 존재 중심을 진흑갈색의 보호막을 씌워 자신이 자신일 수 있는 존재로 존속시킨다. 주체에 엄벙덤벙 세상의 매력에 정신을 빼앗겨 자신의 눈부신 순백의 심층과는 다른 사치로이 겉꾸밈으로 가장하는 짭짝찮은 일로 변형될 자기의 진실성에 의혹이 일고 다소 진보의 뒷전으로 밀려난듯한 회한이 이는 자기 충동의 반항이 일지 않도록 기를 쓰는 고초로운 몸짓으로 이미 흔들리지 않는 자기 모습을 갖추었다. 주체가 자신의 이 얼을 거두면 세상 욕망을 따르고 싶은 유혹의 고통에 시달리다 결국 함지사지하는 것임을 아는 귀중한 눈뜸이 있다. 이 눈뜸은 순수를 바탕으로 삼아 스스로 자기의 삶을 통제하는 항성있는 자신에게 그런 하찮은 행동양식을 모든 생의 위에 가치로 두고 성공이라고 하는 그 다른 세계에 발을 들여놓지 말아야 할 것임을 알게 한다. 이 뜻은 그 주체에 아주 큰일에 몰두할 상당한 긍지를 주었음이 분명해서 이 정상이고 건전한 생을 조롱하는 이 발작적인 미묘한 다른 세계의 집단으로 해롱거려 짜드라웃는 비웃음과 잔뜩 틀어지게 입삐쭉거리는 해매를 해연하게 바라보며 늘 매우 신중히 자기를 의식하여 그 다른 세상의 동화의 강요를 받지 않는다.

지혜의 찬가

숲귀뚜라미는 적에게 몰릴 특정한 상황에서 주체를 몰아붙여 나뭇잎으로 위장한다. 숲귀뚜라미의 신청부같은 위장한 자기의 온갖 몸의 구조를 초월한 피상속에서도 자신의 진상이 되어 있는 나뭇잎에는 자기 앞에 위기가 닥치지 않게할 열정으로 뚫어놓은 마치 벌레가 뜯어 먹은 것 같은 숭숭항 공간이 있고 나뭇잎의 가장자리가 지금 살아있는 것이 아니라는 것을 표현하듯 누렇게 바래지고 이미 지나가버린 것의 한때의 흔적 같은 것과 마찬가지로 또르르 말리어 든 데도 있다. 헌거롭운 숲귀뚜라미는 자신의 이 지혜를 써서 마구발방하는 들입은 적에게 들그서내지지 않는다. 들먹은 적이 또박거리며 떠지껄하게 스쳐 지나가기만을 뜨막이 바라게 될뿐 적에게 떠둥그뜨려 질까뜨악이 눈을 찔끔 감고 숨을 죽이지 않아도 된다. 들노는 적의 무서움에 겁에 잔뜩 질려 몸을 떨지 않는다. 아귀무른 주눅들림과 쓰레할 비굴도 없다. 숲귀뚜라미는 참아내기 힘든 남의 짐이 되지 아니할 나뭇잎 자기 속에 들어 정당성 있게 보호된다. 지나가는 성품이 어진 산들바람이 숲귀뚜라미를 혐의스럽고 신동부러진 시쁜 것이 아님을 알아 활짝 까발리지 않는다.

비결은 바로 기도였다

사슴은 자신이 단순한 존재 이상의 것인 만큼 눈에 보이지 않는 적은 곧 사사로이 잊어버린다. 죄가 없어 순수하고 밝은 영혼이 지닌 혜지로 자기를 방어할만한 조금도 흔들린 적이 없는 자신에게는 험의쩍은 적과의 불행이 닿지 않으리라 생각한다. 천부적으로 그 성질이 최상으로 행직하여 그 선의로 상대가 자신이 지닌 유일무이한 존엄성을 해치는 용납할 수 없는 짓을 감히 하지 않을 조심성까지 있다고 여긴다. 험괴한 적이 존재의 향기가 가득히 배어 있는 자기를 적중하고 있는 것에 자세히 눈여겨 보는 일에 해엄하고 헤싱헤싱하여 행망적게 보아 넘기는 것은 경계를 모르지 않는 그의 행의이다. 그 자신이 적을 행짜놓는 허황된 것으로 여겨 해백하지 않으려고 하는 것은 이상하지 않고 적이 놀라지 않을 수 없다. 아예 그런 관심사일 수가 없는 것은 허허실실한 행동으로 헐렁거리지 않는다. 사슴은 일찍이 왕관이 씌워져 있는 자신의 의향의 순수성으로 부단히 더 성상해야 할 자기가 될 권리로 행인지불행하는 악과 생명의 불꽃이 꺼지지 않을 자신의 정의로운 대의로 단연 행행연했으므로 잠깐 눈앞에 나타났다가 간 실상이 없는 것에 놀라고 겁에 질려 향방부지로 허둥거리지 않는다.

나는 그를 지지한다

우리의 칠보새우 암컷은 수컷 대상의 선택 성취도의 기준을 선을 지향하는 정신과 행동규범을 지닌 자기와 똑같은 참된 수준에 올라있는지 또 왜 함께 지내려는지를 알아야 할 일로 그 속을 들고 파서 들들 뒤져 끄집어 내어 상대가 때없이 마구발방하고 떨떨하게 떠죽거리는 허실난명한 허망지설 뿐인 선의 의지의 순수성이 없는 것으로 판단될 때 그것을 혐기하는 자신의 막엄한 입장을 드리없지 않게 들입다 떠다박질러 가차없이 차버리는 것은 정당하다.

네가 그렇게 할 수 있다면 어떠한 수단을 써서라도 그렇게 해라. 내가 너를 칭찬하리라

번데기는 변태할 때까지 고부랑이가 진 표피 속에 숨은 듯이 들어 있다.

어느결에라도 함부로 악에 몸을 곱송그리지도 곱작거리지도 않을 슬기를 깨친 결곡한 자신을 표피에 감싸 버틴다.

표피 속에 들어 있어 자신이 시나브로 야바위치는 악의 탁조에 이런저런 동요받지 않는다.

악이 번번히 자신을 어물쩍거려 지옥의 불구덩이에 끌어들이려 해도 비명하에 그 속으로 어루꾀어들지 않는다.

알쏭한 악이 더 이상 눈을 희번덕거리고 희롱해롱 요란법석을 떨어대며 알씬거리지 못한다.

표피 속에서 작찬 긴장감으로 악을 경계하고 자율하여 조심하고 견디어 당황하는 기색이 없이 침착하여 자존한다.

혐의쩍은 악과 겯거니틀거니하지 않고도 자기를 악에서 이겨낸다.

지성에 의한 삶의 길

코끼리는 자기의 언행이 상대의 소리를 흉내내며 찌그럭거려지려고 하면 스스로를 성을 내어 다스린다.

제 입시울이 상대를 미움받고 배척당하고 모욕받고 내쫓기도록 흠구덕하는 일이 없도록 자기의 영혼의 부단히 선으로 성장해야 한다는 명에 흠복하는 말의 정화를 거친다.

힐주받을 것이 뒤따르게 마련인 것을 무서워해서라도 상대를 해롱거리고 쭙쳐서 고통을 겪게 할수 없어한다.

스스로 아연하지 않을 수 없는 희희하는 짭짝찮은 희학질로 단순한 존재 이상인 상대의 참된 본연성을 손상하거나 박탈하지 않을 흠신한 삶의 태도가 서 있다.

자기의 쩍말없는 생다움을 위해서 여타의 사악한 성향을 일체 뿌리뽑으려는 깊이 있는 노력을 하여 제 이 정신가치를 아끼는 마음과 고상한 윤리관을 지닌 항직한 자아를 굳게 지킨다.

평화의 사도

켕거루우가 바른 지향을 간직하고 삶의 순간들을 두 발로 함초롬히 앞으로 모듬뛴다. 제 일상의 평범한 일을 조심있게 살아가는 단정하고 엄숙한 삶의 길목에서 초륜히 뒤로 가지 않는다. 이는 그 자신이 해망적게 뭇생들이 지니고 있는 자유로운 생의 경로를 뒤돌아가 가로막시 않으려는 얼쎈 지기통제다. 켕거루우가 총명하고 준수한 그 자신의 흐트러지지 않은 자세로의 이 반복된 규칙적인 모듬뛰기의 행의로 다른 생의 희망으로 가는 그 아름다운 길을 유지하느라 그 자신의 이 행의의 행습이 되는 혜성적 몰입을 한다. 이 현요한 정신에서 나온 조심스런 삶을 살아 지평에서의 현이한 뭇생들에 해당하는 이 경이로운 심오한 평화로운 세계를 구성한다.

주님, 저희 마음이 슬기를 얻으리이다

벼룩은 제 키보다 저다지 200배나 높이 뛴다. 언제 어디서나 공명하지 못한 일에 저만저만하게 몸에 살속붙여 올바른 행실로 선뜻 날뛴다. 생청붙이지 않고 마뜩이 아닌 건 아니라고 똑바로 말하는 시비의 판단의 기준이 있는 이성으로 이 비약을 감행한다. 이는 행동 저저이 사날없는 그 존재에 근거한 끕끕수 없는 참된 생존의 이유가 되는 반항으로까지 발전한다. 그가 살아있는 한 이 반항으로 그 생이지지한 이성과 걸맞는 이 서릇은 고항의 정당한 외곬으로만 가도록 용단하여 곰바지런히 자기 스스로를 다스린다. 그는 이 울발한 반항으로 단 한번도 편안한 적이 없어도 그의 지멸있게 용약하여 용발한 왕기띈 이 생광스러운 삶은 우격다짐을 벌이어 원혐해야 할 우악한 적악으로 발을 곱디딘 어마지두 생의 파탄을 근심하고 개탄할 부조리한 죽음으로 끝나지 않는다. 그는 덩치는 작아도 빼진듯 여간 결곡한 의지가 옹골차서 매우 좋아 보인다. 그가 둥둥거리며 북치고 우죽거리며 행진하는 우끈우끈한 행사에 들어 있지 않아도 매우 감격스러워 보인다.

제3부

매화마름

메밀 찬가

메밀은 고까운 글루텐이 없는 종요로운 명징한 형태의 자기를 구성하여 제살이 하지 않으므로 말미암은 남의 생에 터무니없이 버름버름 변출불이로 끈적거려 철썩 엉겨 남을 종이금하여 남에게 가량스러운 더넘을 넘겨 덤터기를 씌우거나 대타지해야 할 음흉하고 능청스럽게 종작없이 조악한 남 못할 짓을 하거나 남을 막다른 골목에 몰아넣고 졸렬하게 조롱하고 벙글거리며 즐거워하지 않을 종생 자기 안에 세워 놓은 이 규율을 둔 질서 안에서 조백을 가려 자기의 행동을 높고 엄숙히 똑바로 바로잡아 살펴 다스릴 통찰이 함께 하는 존귀한 족속의 제격으로 변함이 없는 순수지속 혈통을 지녔다.

물맞이게

물맞이게는 한 판이 되게 등에 지고 간 갯흙을 들어간 굴에 갯벌과 같은 높이로의 뚜껑으로 덮고 숨어 적이 억지세게 걸음의 속도를 너무 앞지른 나머지 발길을 멈추지 못하고 그냥 자기가 안추르고 있는 굴 앞을 휭하게 지나쳐 가기만을 바란다. 생명을 누릴 존재의 특권이 들어있는 물맞이게는 어두운 굴안에서 적의 별쭝날만큼 어수선산란하게 다가오면서 울려내는 묵중한 발걸음 소리를 들으며 자신이 어물어빠지게 버릇는 적의 손아귀에 어리벙벙 붙잡히게 되면 적은 그렇지 않으면 아무 의미도 없는 것으로 알아 양양자득하고 어렴성 없이 자신이 마땅히 행해야할 중대한 일들로 갯벌 진흙탕에 범벅이된 자기를 세상의 부당한 가치척도로 저울질 당한 나머지 가장 견디기 힘든 난제로 알쾌 변난하며 온전히 성장한 자기를 같이 하는 것마저 수치스럽게 여기는 나머지 경멸하며 무례하게 대할 테고 그 욕망이 무엇을 위해 있는가를 알지 못하는 어그러진 별음둑가지소리로 자기를 조롱하고 비아냥거릴 것이며 끝내는 적의 순전히 덧없는 욕망과 소유 위주로의 아연실색할 변괴를 당하여 무사하지 못할 것이다는 생각이 들어 몸을 움찔 움츠린다. 물맞이게는 적이 이 벽재일우한 자기에게서 그렇게 해야 하는 것을 전혀 예측하지 못했을 이미 적을 이긴 이런 합리적인 벽이단할 재주넘는 술수에 그만 깜빡 속고 말

았다 하더라도 아무도 이 버르집지 않아 버물지 않은 그를 번롱하지 않을 것이었다.

보리꽃수

스웨덴지에 보리꽃수를 놓으면
수놓는 내 양손 끝은 집안에 온통 보리 이삭이 무르익어 가는
황금 보리밭을 펼쳐낸다
보리 베어 들어간 밭가운데서 갑자기 들떠 일어나는 학생들의
웅성웅성거림이 어느 사이 '와-' 하는 함성으로
보리밭 전체에 퍼지고 그 소리에 깜짝 놀란
잠시 둥지를 비운 산밑 어미꿩의 자지러지는 피울음소리
둘러선 산에 부딪혀 더욱 크게 울려온다
꿩알 둥지 남겨 놓은 채 몰고 돌아간
보리베기 근로동원 마친 창평중 옛학생들이
그때 그길로 바로 지금껏 걸어
서울집 보리밭 내 보리꽃수 속으로
경충거리며 줄지어 걸어 들어오고 있다.

H혜성

그는 넓이뛰기 선수였다 그는 쏜살같이 달려갔다
그렇게 그는 오래 전부터 멀리까지 빠른 속도로 자신을 몰아갔다
그는 전적으로 순간순간을 달리는 이일에 자신을 내맡겼다
달리던 지점에서 그가 멀어지는 그만큼 그의 몸은
여리고 투명해져 갔다
푸른 대기 속에서 그의 몸은 끊임없이 마치 바람결 같은
것으로 한 풀 한 풀 풀려나가고 있었다
그 이후로도 그가 할 수 있는 것은 다만 무작정
달리는 것이었다
달려갔다가 그는 어느 순간 자신의 마지막 도약을 결정했다
그의 몸은 공중으로 빨리듯이 날아갔다.

아침 풀밭에서

푸른머리개미들이 다른날의 아침과 마찬가지로
굴 앞에 일렬로 줄을 섰다
푸른머리개미들은 저마다 이마에 빗살 한 가닥씩을
동여매고 서로를 보호하고 지켜주면서 살랑살랑
양손을 흔들어 보이는 풀잎선배 옆을 지나서
제 시간에 맞춰 가라고 이르는 축구골대처럼
솟아 있는 바위들 사이의 길로 둘레둘레 부지런히
주위를 살펴보면서 단 하나의 뒤처짐도 없이
모두 바삐 행렬을 지어 갔다
푸른머리개미들이 숨이 턱에 닿도록 경사진 길을
거슬러 올라가는 그 동안에 벌써 태양은
하늘 높이 떠오르고 나무들이 자라고 있는 언덕 위 교정
아름드리 느티나무 높은 교단에는
한 소절씩 따라 부르도록 잠깐 사이를 두었다가
다시 이어 명확하고 정확한 음정으로 부르시는
매미선생님의 노래로 음악 시간 일교시 수업이
시작되었다.

목련

3월의 목련은 아이의 원피스를 짓는다
목련은 아이의 신비한 몸의 치수에 따라
본을 뜨고 옷감을 마름질한다
원피스의 가슴 부분은
봄비의 물빛 고운 빛깔의 감으로 디자인하고
주름이 충분한 팝슬리브와
아이의 어린 얼굴을 둥글게 받쳐 줄
바람의 플래트칼라를 단다
목둘레와 소매둘레의 부분 연결에는
신축이 넉넉하여 서로 긴밀하게 연결짓는
풀잎의 바이어스테이프를 사용한다
치마폭 허리둘레에는
봄햇살처럼 잔잔한 잔주름을 잡으며
3월 화사한 하늘 아래
목련은 아이의 신비로운 원피스를 짓는다.

매화마름

매화마름은 겨우내 물을 가둬둔 무논에서 햇빛을 따삽게 받아 올차게 우쭉우쭉 자라나서 키는 무려 50㎝로 논을 들여디딘 농부의 무릎도리에 닿을 만큼이고 정근이나 줄기에 있는 마디에서 자기 실존의 온존할 몸을 옹동고라지게 하지 않을 수분과 영양의 흡수작용을 할 욱적거리는 수근이 우꾼우꾼하게 나오고 요략으로 논물을 무넘기하는 4~5월에 각 마디에서 이리저리 넓게 펼쳐나가 약동할 삶의 방향을 결정한 들찬 가지들이 나와 무름한 논의 수면을 온새미로 드러장이게 가득 메운 우긋한 그 위로 그저 잠시잠깐 매화모양의 용발한 노랑꽃을 용렬하게 피우고는 용의 주도한 한 생의 완성과 새롭게 울발하여 거듭남을 의미하는 땡글땡글한 씨들을 맺어 모심기를 할 무드럭진 매화마름논의 땅 굽이굽이에 우기어 떨어내며 항상 다른 누군가를 우격으로 불행에 빠뜨리는 것은 아닌가 하는 근심과 두려움으로 휩싸인 채 용써서 땅을 뒤엎는 쟁기질과 마음을 써 알뜰히 땅고름 써레질을 하는 농부의 우람한 삶의 움직임 속에서 벼논의 두려워할 바 못되는 저 깊은 밑바닥으로 우즑여 거리낌없이 용감하게 들어 목목이 볏모를 생장시킬 모풀이 된다.

동촌의 들깨줄기들은

동촌의 들깨줄기들은 자기의 생을 복된 긴긴 날의 축복인 몸의 키를 키우고 골격을 형성해주는 따뜻한 햇빛과 잎들을 틔우는 일을 과업으로 하는 천둥번개를 거느린 멋스러운 빗줄기와 꽃을 피우기에 갈채의 리듬에 가락을 맞추어 주는 푸른 바람의 그 거대한 여름이 선함을 신뢰할 전신의 행위로 자기를 끌어당기는 힘의 발걸음을 야무방하여 좇아가고 해가 점차 그 힘의 순명에 티없이 얽매일 의무가 있는 듯 애운하게 짧아지고 그 의무의 완성의 이행을 단순하게 촉진하고 순결하게 심화시키는 일로의 결백한 추위가 곧 닥치리라고 생각하며 제일에 분주하게 속도를 내가기 사작하면서 어느 겨름에 불현듯 다가올 겨울의 유한성을 일깨워주는 추위의 시련에도 두려워하지 않게 지탱할 작은 것들도 그 자체 너머의 상징 같은 가이없는 깊이를 지닌 어기중한 원형으로 형상화된 의지의 노력으로 생을 아름차게 다시 살아낼 빛나는 변신을 한 완성의 씨를 맺히고 영글리어 슬프나 지나치게 슬퍼하지 않는 뼈만 앙상한 자기의 키 이상의 높이로 애틋하게 들어올려 놓아 완전하게 애면글면 자신을 바친 어숭그러한 이 어귀찬 투신에 어연번듯한 생의 시금석이 되게 하여 겸손되이 엄숙한 땅에 떨군다.

가지

가지는 여럿 중에서 뛰어나 공적으로 몸의 비만을 막는다. 몸의 건강을 몰분수하여 심사부리고 생의 가치를 부정하는 무참스러운 최하금으로 간주된 몰의의한 지방을 반지빠르게 모아붙여 존재의 몸맨두리를 방책이 없이 무드럭지게 하다가 그 실존을 반죽좋게 반질거리는 것으로 망동 몽키게 몰아붙이는 존재의 명멸의 끔찍한 위협에 반자받아 단호하게 마주쳐서 서로 달리한 그 못지않이 무질러야 할 목강한 재난을 거듭 지치지도 않고 되풀이하여 몰몰아 몰수이 떠둥그뜨려 목목이 죽음의 냉홀한 위기의 경계에서 벗어나 목숨도모하는 이 건강성공을 꺼려할 아무것도 없게 거두어 모춤하게 가져다 주는 이 무느는 모험을 숫지게 감행한다.

버팀대

토마토모종의 버팀대가 두려워 떨지않고 졸연히 땅으로 쳐박히면서 그 주체를 찌부러지지 않도록 지탱을 주는 객체로 빽빽이 힘있게 똑바로 세워지고 영혼 깊숙이 새겨들어 놓은 어느 누가 말한 진정한 위험만이 믿음의 실체를 체험할 수 있다고 한 그 자신의 의식의 명징함 속에서 받아 주체와 잠깐도 뿌득뿌득 새떠서 건듯건듯 떠나지 않을 것으로 한 존재를 협력으로 포용하는 우정과 협력하고 있는 존재를 표용하는 우정의 일심불란한 일양 8자형으로 단순하고도 참된 우정으로의 상호관계의 노끈에 일매지게 묶인다. 이 뒤로 객체는 마땅히 전적으로 측량할 수 없는 가치를 지니게 되는 구속에 참여하는 위풍있는 봉사에 충실하게 바쳐 기품높게 위타 존재로 창달하게 살아내야 하는 것이다. 비록 고통스러운 것이라 할지라도 찜부럭내지 않는 이 깊은 참여로 주체가 희망에 찬 존재에의 용기를 부여받고 확고히 신뢰할 충실한 벗을 찾은 행운에 떠받쳐지도록 종덕의 역할로 살손붙여 있다.

수수

수수가 삶의 한순간도 잊지 않고 바른 지향을 간직한 자신에게 스스로 한 절박한 다짐같은 한밭에서 함께 자라고 있는 콩줄기에 햇빛을 가리지 않고 거치장스러움과 억압으로 태깔스러운 최불용의 탑새기를 주지 않을 하나의 줄기를 탄갈심력으로 위로 높이 뻗어 올린다. 수수가 콩줄기와의 유비(類比)를 제시하는 바탕으로 뻗어내는 하나의 탄탄한 줄기는 무수한 잎들을 단 콩줄기의 생의 온전한 안전성에 도달할 수 있는 위치까지 자기를 비워주는 자세와 다름없을 만큼 더욱 높이 올려놓는다. 수수는 마치 자기의 모습을 공중에 올려 완전히 감추어버린 듯한 합당한 높이를 체득하여 우뚝하게 서서 쿵줄기들에 자유유린이 되지 않게 하고 콩줄기들에 그 성공적인 삶의 성취를 방해하지 않고 상대적인 가치와 의미로의 그의 가장 깊은 염원의 슬기로운 초연주의(超然主義)로 성장한 그 자신의 이 고귀한 자아의지를 구체화하여 표명할 일을 과감하고 평온하게 받아 있다.

상침

의복 위에 드리없이 놓이는 상침은 자신의 존재가 위복의 생의 명분으로서는 허락할 수 없는 다만 외신해야할 욜랑욜랑 겉꾸며지는 가벼운 요괴한 장식으로 떠있다가 요개부득으로 외따롭게 잊혀져 뒷전으로 밀려나고 말 외형 이상의 아무런 의미도 없는 것을 발견하며 봉재의 외공으로 들어 있어 땀직한 자신의 진면목을 사려깊게 조금노 떨뜨리어 드러내지 못하면서 한 존재의 전인격을 포용(包容)하는 사랑의 의복을 입힐 존재로의 자신의 원격을 관조해 볼만한 마뜩한 아무것도 없다는 사실에 놀라고 우유적 속성의 자신의 위각난 능력으로는 원공으로의 매우 장하고 가장 훌륭한 성취를 우격으로 거두게 될 일이 아닌 것을 알아 자기의 막중한 생을 우자스레 스스로 막질러 망쳐 개탄할 끝장을 내버린 것 만큼이나 극심한 고통으로 가슴이 미어지고 우두망찰하고 원경 늦은 경으로 내가 누구인가? 이것이 내 본질인가? 자기자신을 향한 울발한 부르짖음이 매우 꺼림칙한 우즮이어 죽음의 도구 노릇을 했다는 둥 어쨌다는 둥 하는 우여곡절을 겪어 서로 부딪혀 윌거덕거리면서 뒤섞여 모호한 메아리가 되어 돌아올뿐 원초에 봉재의 전체를 지는 박음질과의 결속의 실제의 완명할 용맹탁특으로 하는 의무와 용발한 시련의 용역을 용의 주도하게 받아들이는 길에 용왕매진하여 발을 들여놓지 못한 것을 지극히 통탄해 한다.

아우트라인스티치

슬기로운 정신과 몸의 온힘을 다해 지며리하게 스스로 좁은 길을 열어 걷는다. 고상한 지개와 인격으로 지결한 발을 지공하여 지멸있게 떼어놓으면 지교(智巧)한 길이 바로 앞에서 열려 갈길이 없어 망연해하지 않는다. 면면히 계속되는 실낱 같은 외길을 지각든 혼자 위풍늠름하게 걸으면 길이 지번하지 않아 잔질게 방향을 잃고 어쩔 줄을 모르며 이리저리 헤매이지 않는다. 온오한 영혼의 힘으로 말미암은 의식(儀式) 이상으로 유공불급하여 한발짝 앞으로 걸었다가 위엄차게 반발짝 뒤로 물러서서 자신이 이제까지 걸어온 걸음이 행동으로의 위각난 옳이 되어 있지는 않는지 잠시 골똘히 생각하고 다시 걷는다. 참된 인격으로의 남을 지딱이지 않을 원격 조심성 많은 이매우 긴요한 외길로의 정량(精良)한 생의 질서를 이루며 걸어 증이파의할 악에 동요받지 않는다.

남을 울릉대지 않을 존재에로의 진정한 지력(智力)의 삶을 향한 지략으로의 지당한 이 외길을 걸으면 적악으로 대치하여 길을 가로막고 서는 저큼을 해야 할 생은 만나지 않는다. 삶의 정수(精粹)로 정도에 들어 아무데도 소용이 없는 공허한 욕망의 삶을 사는 오합의 올곡한 동조의 왕혹에 잡도리하여 휩쓸려 왜나가지 않는다. 불확실한 이유로 증나게 쫍쳐 밀쳐지거나 고립되는 수는 없다. 한층 더 공공연하게 적응부전할 타당성 없는 재이로 적의와 불신을 당할일도 없다. 다행히 생의 돌파구가 마련된 것이다. 올곧은 그 자신의 존재중심인 열떠서 더뻑대어 잔밉게 상대를 떠밀고 걷어차고 잦혀놓고 허둥대게 하지 않을 중행으로 생의 중후한 선으로의 방향을 스스로 제시하여 낸 이 외길을 걸어 바라는 대로 중화지기로 환희에 찬 평화에로 이른다.

베이킹파우더

베이킹파우더가 욕실 바닥의 타일과 타일 사이의 대수롭지 않은 것으로 치부하고 넘어가지 못할 밀밀한 세균에 침투한다. 명시적인 선이 인류에게 고통을 주는 까드락거리는 몸쓸 병마로 무력이 까닥대며 숨어사는 부득불 거듭 맞서 싸우지 않으면 안될 어두운 악과 서로를 잡아끌고 비틀고 떠다밀면서 엎치락뒤치락 찌그렁이 부리어 찌부러뜨리고 급급하여 발길로 차서 망그질러 타일바닥 위를 뒹굴면서 서로 치고 받고 부대끼는 선에 공감한 하등 이상할 게 없는 일로의 고통과 실랑이가 벌어지는 혼란의 아수라장 속에서 항상 선을 억누르는 지배권을 장악하려고 드는 뒤틀린 악이 이에 반자받아 기기괴괴한 악다구니를 깍깍거려 퍼부어 발악하는 비장한 반항이 들어있는 이우할 기승스런 분노와 이뇌할 까부라진 증오를 분출하며 있는 힘을 다해 숨을 심하게 헐떡거리며 필사적으로 선을 거슬러 위로 올라가려고 발버둥을 쳐서 꽤 높이 치밀고 떠올랐다가는 얼마 안가 금방이라도 지쳐 떨어질 정도로 바드럽게 기우뚱해지면서 구를 수도 없이 허우적거리다가 아주 녹초가 된 나머지 타일바닥에 쭉 뻗고 만다. 꽃등에 눈물만큼도 긍휼하여 안된 느낌이 들지 않는 악이 쓰러지면서 타일바닥에 부딪히는 타격으로 온몸의 맥이 빠지고 축 늘어지고 기신도 하지 못하면서 선에 이겨본 적이 없다는 것 만큼은 기연가미연

가할지언정 까무러지지 않았을 그 자신의 허무에 짓눌리는 악의 금사망을 쓴 극구참욕을 받는 근간한 굴욕의 극한의 순간에 눈이 까뒤집히며 가물가물하게 죽어간다. 악과 부딪혀 싸워 몸이 성한 데가 없는 그가 바로 인류생명을 위해 의용봉공하고 있는 공도로의 선의 진실성을 드러내며 근사모은 의기지용으로 기세있게 살아있는 그식이장식 급인지풍의 생애를 바치고 있는 의열한 실재이다.

불가결한 효과적인 도구

내부에 지혜의 형성층이 있어 기개의 상징처럼 굳센 탱자나무가시가 제 정신의 질서에서 자유롭고 두려워할 것이 없어야 할 생을 아주 충실하게 살아낼 멋들어진 기상을 지닌 자기를 보여주는 모습으로 끝을 뾰족하게 하고 있다. 그 자체로서 자신에 가까이 넌더리댈 오류와 넉장뽑는 죄의 암흑이 넘노닐지 못하도록 깨끗하고 정직하게 지킴과 동시에 자기를 바라보며 넘성거리는 적들의 끔직한 공격을 두려워하여 외칠 때 눈결을 돌릴 수가 없는 삼출(三出)복엽의 잎들과 놀면하게 익고 향기나는 장과들까지 온전한 삶을 영위하고 삶의 기쁨을 누릴 수 있도록 일치되어 있는 유기적인 한자리에 사회적인 관계로의 참되고 진실한 결속을 해 놓는다. 능갈맞은 악의 망행하는 세력에 대항하여 선이 침해되지 않도록 대단히 큰 공헌을 할 다기진 꼴을 능준하게 갖추어 그 모두의 생이 이지러뜨려지지 않을 선으로 악을 너볏이 이겨낼 높이 고양된 본질을 지닌다. 그 자신이 하고 있는 이 협력분야의 삶이 훼손되지 않도록 하는 일이 얼마나 중요한가를 아는 그 지혜의 구조에 입각한 새삼 탁월한 용기를 받아 악을 마주칠 때마다 한번도 적앞에 움츠러들지 않으며 말짱말짱하지 않고 적을 이겨낼 만유루없는 내적인 힘을 쏟아 느물은 악이 날카로운 아픔을 느끼고 논박받아 농궤하고 비탄할 눅느지러지고 는적거리느 만신창이가 되어 결속되어 있는 너나없이 노안비슬 악에 망창으로 넉동다 갈 대짜배기로 닥뜨리는 난관에 봉착하지 않을 대마루판 승리를 할 철저성을 분명하게 나타낸다. 그가 자기의 뛰어난 노심초사하여 노근노골하는 기량의 동세로 헐떡거리는 숨소리가 귀기울이지 않아도 들린다.

체질

뿌덕뿌덕한 밀가루가 올바른 생이라면 누구라도 그렇게 했을 누구에게 사부자기 가까이 벋가 붙여 있으면서 그렁성저렁성 산망스럽게 짜근거려 뺀질러 짓눌리는 해를 얄망궂게 뺀죽거려 주지않을 빼득빼득한 무게를 의를 좇아 어숭그러하게 털어버리려고 주체에 제동을 가하여 빽빽이 그 자기실현에 도달하기 위한 사막한 어려운 도정의 단순히 무게 관계를 넘어서 남을 야멸친 욕망의 애바른 자기 손안에 까부라지게 포착하려하고 약비나게 자기 마음대로 어물거려 부리려고 하는 어뜩비뜩한 야비다리 그대로는 참된 자신을 어련부던히 대하는 어귀찬 능력과 앙그러진 품위도 함께 기대하는 안쫑잡은 일은 도저히 행할 수 없을 것이므로 욕망의 무게를 안추러 몰아내어 자신을 안차게 넘어서는 열린 출구로서 아름차게 수많은 까탈진 세기를 거치면서도 질력나서 사라지지 않는 체망을 향해 뻘끈뒤집는 귀정짓는 지난한 몸부림으로 빼주한 머리부터 시작하여 날래게 동체로 빼드럭거려 헤치고 빼세게 내둘려 들어가 되풀이하여 빙글빙글 돌아가면서 체망 밖으로 산드러지게 내밀힘으로 내리키며 이제까지와는 전혀 다른 변형으로 비롯되는 사품 가벼이 입자가 된다.

농약이 범람한 이 발작적인 시대의 한가운데서

배추밭의 배추의 떡잎 두장이 불쑥 땅위로 솟아나오면 어린 배추를 좋은 조건 속에 놓을 물과 달걀노른자와 식용유를 섞은 영양제를 뿌린다.

아주 이상한 존재 형태를 통해서 나타난 강파리한 병충이 이영양제를 거추없이 건결들려 거늑하게 거머삼키고 가탄스럽게 배부름에서 종용받아 지금까지의 좀이금한 자신에게 건혼나고 또랑또랑히 남을 위해서 죽어야 할 가치가 있는 신념에는 이르지 못하고 이아치는 것으로 면상을 내고 기승을 부린 이물스러운 거리끼는 자시의 간악한 졸망히 떨뜨리어 놓은 배추밭 황량한 그 자리에 일로의 부름에 비켜서지 못하는 농부가 각다분히 땡글땡글한 배추씨를 종이부시하여 몇 번이고 치밀하게 거듭해서 새로 갈아야 하는 일이 종속히 벌어지게한 삶의 인협으로 못내 얼굴이 언짢은 부끄러움으로 가득하고 자아에 대한 통제를 요구하는 가슴을 절정의 괴로움으로 조이면서 문득 자신이 디 이상 디른생을 개개고 갉죽거려 떠둥그뜨리는 짓을 경계하여 삼가도록 스스로 다짐하는 결의로 거래하지 않고 득달같이 있는 데에서 멀리 떠나고 어린 배추는 떼치지 못할 이지러뜨려지고 말 병충해를 입지 않고 생생히 살아남아 뜬뜬한 본잎을 하나 둘씩 차근차근 틔워가며 폭차 간다.

깃발

선을 추구하는 세굳찬 몸짓으로 나부낀다.

범상을 넘어서 좀더 분명하게 자기 잘못의 탓을 전가할 만한 다른 생을 찾는 변절을 수세게 몸을 솟쳐 털어버린다.

좀더 힘있게 자기의 책임을 시퉁하게 다른 곳에 돌려놓는 자기 배신을 씻가시어 씻가시어 날려버린다

잠시도 쉴 겨를없이 소심근신하여 남에게 수수로운 누명을 씌우는 소증사나운 불의를 까발려 버린다.

지혜를 올바르게 써서 온갖 욕망에서 완전히 절연되어 악랄한 악의 부르터날 것에 아귀무르지 않도록 자신을 수꿀하여 소쿠라지게 빼낸다.

씩씩거리며 순수바람과 동일율에 들어 광활한 영원을 바라볼 공중 높에 솟쳐들어 높여 있다.

넓이뛰기

보다 멀리 가기 위한 충동으로 쏜살같이 길을 달려나간다. 이제까지 줄곧 달려온 것보다 더욱 빠르게 가속으로 불어난 속도로 어느 지점에서 매우 소홀히 문득 달리는 것만으로는 더디다는 생각으로 상체를 뒤로 젖히고 두 팔을 위로 활짝 쳐들며 양발을 모두어 하나로 들어 그 최고점에 달하는 진체에 걸친 넓이를 한꺼번에 넘어서는 몸을 공중으로 한껏 날린다. 그러다가 몸의 상당부분이 이에 저항하고 망설여 이내 몸이 쿵 소리를 내며 땅으로 내려진다.

중용

수수줄기는 무력한 의존성이 없어 버팀대를 세우지 않아도 가긍하게 널브러지지 않는다. 기울지 않을 형태로까지 존재의 의미를 가지고 어려움을 조용히 참는 마음을 집중하여 자기의 삶의 맥이 되는 제 곧은 정신의 정상의 높이로 중정하여 바로 선다. 악에 지사불굴할 자기가 더뻑대어 간단히 무시되고 아무것도 아닌 것으로 여겨질 수 없는 저 생의 아무도 넘볼 수 없는 높이에로 이르도록 반듯하게 세우고 잘못 판단되고 부당하게 취급될 위축된 두려움을 겪지 않을 중용한 생으로 더욱 존귀하게 될 중용지도의 층을 이룬 힘있는 마디마디를 짓는다. 주위의 다른생들에 비참할 정도로 이용당하지 않을 힘있는 마디들을 두면서 특전받은 것 같은 새로운 용기와 희망이 생겨서 틀림없이 안전하기 때문으로 자신을 중위로 우뚝 솟아올리기를 전개시키기에 무섭게 진지하고 놀랄만큼 빠른 속도감을 둔다. 수수줄기는 가파르고 험준한 높은 데로 한발씩 옮겨가면서 행여 자신이 자신의 실패를 보게될 경홀하여 거들먹거리지는 않는지 자기를 조찰하여 다스린다. 거들거들하지 못하게 통제하고 경영한다. 성인들의 경우에 고통은 매일의 일과였다고 했듯 자신에게 잘못이 있다면 중과주의로의 고뇌라든가 전율이라든가 초연(峭然)이라든가 하는 고통은 지당 지공하여 받으려고 한다. 수수줄기는 지금의 자신의 고통에 지딱거려 무관심해지려고 해서는 안될 것을 알아 높은 데로 가는 이 어려운 길을 선택한 것을 누구보다도 더욱 깊이 좋아한다. 수수줄기가 항상 스스로 자신을 높은 데로 이끌어가려고 하지 않는다면 그가 천년을 살았다 하더라도 그 삶은 그를 고귀한 존재가 되게 하지 못했을 것이다. 수수줄기가 높은 곳에 이를 지만의득으로 이미 자신이 지강하여 쓸모있고 지결하여 문제삼을 장애가 없고 지다위하지 않는 탄앙할 지격있는 존재로 구원된다.

감기

감기가 잔악하여 만만한 상대를 작연히 골라잡아 패권을 다툴 강력한 힘을 발휘할 잡을손으로 조만조만한 대공세를 작차게 펼치기로 재울한 추위를 주어 몸을 오들오들 떨게 하고 저냥 적악하는 대오를 지은 고열로 끙끙대어 신음하게 하고 조롱하고 비아냥거려 고통을 주어 작척하여 상충된 이 조악한 악마의 공세의 악순환의 고리를 해열제가 재량으로 끊어버리자 적앙으로 조라떨어 재난을 만나 벼랑 끝에 몰린 감기가 이 가망없는 싸움에 자빡으로 힘을 쓰지 못하고 자굴하여 제 잘못을 한바탕 울고 그 자체를 풀풀 풀어버린다.

제4부

안경곰

붉은 거북·1

붉은거북은 안추른 큰짐에 눌린듯한 납작한 몸을 야멸치지 않을 조심으로 무장한 육각의 형태일 뿐 여러 조각으로 따로따로 불안의 형상을 들고 일어서지 않는 의롭고 경건하게 살기 필요로 어긋버긋하지 않을 한덩어리로 이루어져 있는 딱지로 알맞추 덮인 제 등판 전체를 알아방여 층설이 없이 메끄럽게하여 고통을 줄 이유가 없는 다른생물들이 자기에게 어리치게 걸리거나 어뜩하게 부딪혀 다치게하지 않을 제 선의 역할을 높이는 머리와 선의 길만을 방향잡는 꼬리와 다른생물의 삶의 어려움과 시련을 찾아가 풀어주는 버겁지않을 짧은 네 발을 앙그러지게 조용하고 평범하고 알려지지 않은 숨겨진 삶이 되도록 등딱지 안으로 움츠려 들여놓는다.

네가 작은 일에 충성을 다하였으니 이제 내가 네게 큰 일을 맡기겠다

청쾌한 가을 황금 벼논 맑고 깨끗한 향기나는 강진의 허술로의 숭고한 누더기를 걸친 청고한 허수아비는 부지런한 농부가 놀라운 축복으로 쾌재할 치부군이 될 풍작을 고스란히 거둘 수 있도록 청번하지 않은 파수를 온이로 해 온 제 단순과 정직을 표현하는 지극한 일들로 출세간한 그의 얼굴이 캼캼하고 철칙으로 애써 작정하고 무릅써서 한 일의 괴로움에 몸부림치다 바짝 말라 뼈만 남아 있고 골병으로 출면못할 만큼 한사코 한쪽으로 기우뚱해지는 느른한 몸을 가누어 머문 깊은 고요속에서 생명이 돌고 희망이 무르익은 곡식 낟알을 시혜하여 만드신 아무래도 알 수 없는 분의 신묘한 조화에 올리는 감사기도에 영감해 있다.

안경곰

안경곰은 제풀로 대부분의 시간을 혼자 지낸다.

얼핏보면 그 혼자 세상 밖으로 민쳐 내던져진 것처럼 보인다.

혼자 지내는 그 자리는 정녕 그 주체가 자칫

어떤 대상을 향한 잘못으로 제 오라를 자진해서 받아

제가 지는 정황을 가져오지 않으려는 엄격한 고행이 따라있다.

그 자신의 일양 바르기가 분명한 이 시련의 생의 질서에서 잦버듬하지 않는 의지가 빛나는 그 조리로는 죽으면 죽었지 다른 생의 존재의 위엄을 제왈 조롱하고 무시해 버리거나 제판 갈개질하여 털끝만큼도 손상을 입히는 짓은 못할 것으로 안다.

그 자신의 이 밝은 영혼과 이 절렴한 마음과 절애지할 이 조(操)된 행동의 질서에서 자신이 까딱 자축한 상대를 절증지하는 적응불능할 쟁퉁한 대상이 되지 않을 절인지용한 제 이 정행 제어지도로 자종 그 자신이 혼자를 고수한다.

별붙이파리

별붙이파리는 또바기 한쌍의 더넘스럽지 않게 작은 두 날개를 가지고 있어 움직임이 매우 빠르고 다양하고 더금더금 힘까지 넘쳐서 대행 근사하게 답치기놓는 적을 피하고 입맛다셔볼 달보드레한 먹이도 찾을 수 있다.

별붙이파리는 자기의 생존에 필요한 이 적은 먹이의 구함을 두고 단박 달구치는 뭇 생들의 중론이 자기가 손을 싹싹 비비며 먹이를 애걸한다고 뚱기쳐서 말하고 엉뚱하게 뜯어먹거나 단작스럽게 다부닐어 한 몫 끼어 이득을 다랑귀뛸려고 한다는 그 부당함에서 온 무섭고 놀라움에 뙤록거리는 땡글땡글한 두 딱부리눈을 뜬 눈비음하지 않는 눈살진 얼굴에 뚱한 입이 막부득이 대통과 같은 형상으로 죽 뻗어 나와 있다.

그런데다 별붙이파리는 뭇 생들의 작은 잔치에 마뜩찮은 저 놈이 꾄다고 떠죽거려 들큰거리는 말에는 그만 몸이 딴기적게 쓰러지고 작은 날개를 뜨더기판이 되고 말 지경이 된다.

별붙이파리는 이상하게 자기를 뜨악히 질시하고 떼치도록 결정지어진 막능당 자기를 향한 뚝별난 갈등과 떨뜨리는 대립으로 번쩍 뛰고 싶고 자기가 막중 애지중지되고 싶다는 떼보 같은 마음에서 나옴직한 또랑또랑하게 붕붕 소리를 내면서 한편 그가 모욕당하는 꼴을 못보아 그를 눈띄게 늑줄주어 떠받치는 공기의 흐름을 따라 들입게 가속화된 날개의 다기찬 진동으로 몸이 둥둥 떠서 날아간다.

지성에 의한 삶의 길 찾기

기린은 얼굴에서 적의만을 보게 되는 다른 생들과의 엮임을 피한다. 뒤넘스럽지 못하고 숫하고 자아에 대한 통제가 있는 존재형태의 순수한 정신으로 표면적인 것을 넘어서는 자기를 마구발방 당찮게 비아냥거리며 떠죽거리고 들큰거리며 뜯어보는 그 눈들의 각도가 대중없이 뇌한 변절만큼 공포의 상태가 됨으로써다. 자신이 상대할 수 없는 뜨악한 것으로 담빡 결정해져 버릴 수도 있을지 모를 부화뇌동한 것에 대뜸 들지 않을 행동의 범위가 있다. 동요조차 없을 것이다.

청어

청어는 멸이가의 깊은 바다의 실상과 마음이 하나로 되어 있는 그대로의 자신을 내주는 단순한 눈길의 차디찬 푸르름에 동화되어 있으면서 자기를 말짱말짱하게 보고 어떤 상대에게 정면공격을 하여 자기의 허물과 걱정거리를 담타기씌워버리게 하고 어떤 상대를 신랄하게 비난하여 다른생들 간의 관계를 대뜸 끊어버리게 하고 미워하고 따돌리고 배척을 하도록 다랑귀뛰게 혈안이 되어 있으면서 그 뉘우쁨 없는 능갈맞게 득시글거리는 망동 말짜 세력들에 아무도 자신을 종작없이 함부로 답작거려 늘썽히 동조시키지 못하고 그 망양지탄할 위험에 만부부당 빠뜨리지 못한다는 자기의 몸빛에 특수하게 대척 날선 칼날같이 시퍼런 놀라운 경고를 담아 만유루없게 무장한 실로 힘든 노력과 존재를 의미있게 하는 고행과 위대한 투쟁을 하고 있는 그 자신의 명징한 세계를 스스로 보장한다.

좋은 조건 속에 놓기

수가마우지가 자워지 자기와 새끼들의 삶의 필요에 유용한 먹잇감을 천지사방으로 찾는 일이 한층 명료해진다.

자칫 스스로 자기를 용서하지 못할 일이 될 자신의 방자한 몸의 편한 가량스러운 유유자적으로 제 맡은 바가 남에게 넘겨 들어가게 되기라도 한다면 신중한 자세로 악마의 유혹을 자빡대지 못한 자기의 잘못으로 뭇 엄격한 질책을 받아 마땅할 것이 될 자기를 스스로 앙하여 심상을 훈련시키고 스스로 의분하여 의지를 변화시켜야 할 것이라고 그 스스로 미리서부터 철저하게 자기의 존재근거가 되는 이 중요한 역할에 일심전력으로 가쁜 숨을 헐떡이며 몸을 허둥대면서 쉴 겨를이 없이 힘써 일하도록 자신을 통찰하고 단속한다.

기쁨

낙타는 애오라지 물과 지푸라기 만으로 한 달 이상을 버틴다.
낙타는 이 곰살같은 능력을 자체 안에 앙그러지게 지니고 있어
그것만으로 이따금씩 있는 사막의 초목을 뒤듬바리로
훑고가지 않는다.
낙타는 자기가 어두귀면지졸같이 먹이를 게염내어
돔바르고 되양되양한 것이 되지 않도록 긴장을 유발하면서
먹이를 얼마만큼의 적은 양으로 줄이기를 도스리고
벗어날 수 있는 한의 것을 벗어나는
이미 양찰한 매우 중요한 이 생의 가치를 되알지게 써서
자신이 다른생과 먹이를 둘러싸고 정신이 얼떨떨할 판일
우끈우끈 겯거니틀거니 울룽대는 걸쌈스러운 신경전을
벌이는 일이 없게 한다.
배부름을 범하지 않으려는 조심성만큼 물리치기 어려운 일은 없었던
낙타는 사막에서의 바상시를 대처하는 모든 날에
스스로 제한한 먹이 그쯤으로 만족해하면서
자기를 드러나지않게 데꾼하게 굶주리는 난관에로 도스려 종사시켜

영혼의 양식을 취하는 심오한 노고로 부조리하다고 할 정도
로
제 존재를 기울여 박애의 정도까지 이르러야할 다른생을 우
선하는
그 생명 구원 질서의 울어리 안에 포함시킨다.

우주의 법

명주딱정벌레는 좌우 대칭으로 질서있게 나 있는 발들로 낙막락 길바로 결곡하게 삶의 합당한 일을 궐방치지 않고 그루앉히게 할 번듯한 일군이 될 실쌈스러운 도전을 하려고 하면서 행여 자신이 배우지 못한 짓으로 다른생의 평상과 다른 국면의 궁궁해야 할 일을 둔 물음에 공연스레 비뚤어지게 대답도 시큰둥 그렁성저렁성하며 신동부러지게 가들거려굴지는 않을는지 행여 자신이 몹쓸 짓으로 격나게 별음둑가지소리로 번거하게 변사부리지는 않을는지 행여 자신의 버려야할 짓으로 범범한 변화난측으로 일로의 중추의 자격을 결격하지는 않을는지를 두고 자신을 닦달하며 걷는 그 발걸음이 궤젓하고 날래다.

피멜리아

피멜리아는 조금이라도 못마땅한 것이 있으면 펄쩍펄쩍 뛴다.
당내 자신이 느물은 불의에 조정될 수 없음을
분명하게 펄쩍펄쩍 뛰는 이 존재양식을 표명한다.
피멜리아는 자신의 삶을 뉘연히 바로 이끄는 데에
불의를 대타지하는 주장이 서 있다.
제 행동이 무엇에 뇌동하여 잘못한 것이 있으면
용서받으면 되는 것을 눈비음하지 않는다.
정의를 눈기이는 불의를 노놓치지 않고 늘품 단연
열성을 다해서 냉갈령부려 불의를 거슬러 둘러쳐서
넉동다가게 뿌리째 흔들어 버린다.
이 고통스런 위대한 행업으로 달기(達氣) 잠시도 악의 세력이
야지랑으로 자기를 이기고 마는 뒤넘스러운 대마루판을
내고 말지 않는다.

일개미

일개미는 날마다 일상의 많은 어려움에 직면하는 제 일에 든다. 그 자신에게 생을 내성할 정신과 마음을 주는 끊임없이 힘을 다하여 할 일에서 물러나지 않는 일사불란히 굳건한 결의를 보이며 자허하여 제 힘든 일을 한다. 제 육신 생명을 몽하지 않고 빼들게 자축하여 영위해 나갈 꺼려할 아무것도 없는 이 온당하고 이치에 맞는 일을 자취기화로 빼세게 거슬러 자탄할 게으름을 부리면 자타공인할 결과를 끼칠 그 무시근한 게으름의 죄악에 벋가 익숙하게 될 것이고 그 뻗지르는 작간하는 죄악의 무거운 무드럭진 속죄할 잘못을 미심쩍은 것으로 깨달을 수조차 없게 될 것임을 아는 까닭이다.

일개미는 자기의 일을 자기가 다스릴 일속에 자진 일심전력하여 들어갈 것을 자주장한 생의 지표로 중대하게 여기고 일하며 자존으로 생을 좌절하지 않을 자기와 똑같은 자존자재하는 다른 생을 만나면 기뻐서 어찌할 줄을 모른다.

일개미는 어떤 발막한 발록군이 자율해야 할 일밖의 아무 뜻없고 자승자박 할 공허일 뿐인 반둥거릴 놀이가 있다고 몰요량하여 들려주는 그런 무서운 세도(世道)에 소소곡절 반란을 일으킬 시도의 말을 듣지 않는다.

일개미는 자기의 일을 발뺌하는 폐단의 근원을 자위지하여 아주 뽑아서 없애버린 정의로운 전품격이 관련된 잠시도 쉴 겨를없이 일하는 용기와 지략으로 사회에서 왜뚤삐뚤한 뭇따래기 무지몰각한 죄인이라고 자작지얼로 낙인이 찍힐 아무리 발악하더라도 받지 않을 수 없는 한탄할 죄의 대가가 올 것이라는 돌온 대로의 삶의 속죄할 몰강스럽게 잘못된 미필연 자기의 일로 밀막지 못하는 남이 생을 바르작거리게 하는 시날좋게 뭉때리는 자기 중심적인 편한 자기처벌의 쉬운 일을 바드럽게 꾀하는 악행의 길을 모색하지 않는다.

범게 · 1

범게는 썰물 때 왕기뜨일 모래 속으로 숨는다. 적에 소스라뜨려질만한 올올 떨리는 두려움을 실큼하여 몬존하지 못하는 숨을 식식거리며 쏙소그레한 발들로 썬 모랫속 통로도 없는 어둠 속을 실쌈스럽게 헤쳐 들어간다. 생을 방해받는 걸 좋아하지 않는 옳이 자기의 실팍한 생명력을 올차게 보존하려고 적이 부린 심사로 자신이 들춰지고 옭아내지는 일이 없을 모랫속에 옹송그려 자기가 들지 않은 모래판과 모양새의 외괴의 차이점을 지적해 내기 힘들만큼 숨고지 않게 썰레놓아 옴나위 없이 낮게 깔리듯이 움푹 들어 배긴다. 수센 바닷물이 끊임없이 변화해 가는 흐름에 덧없이 내맡겨지는 불행의 끈이 옭히지 않을 그 자신을 어기뚱하게 수이 여겨 신동부러진 쑬쑬이 적도 유들유들 접근하지 못한다. 범게는 자신이 옹송옹송하게 주눅이 들어서 아귀무른 그냥 옹망추니 같은 실존으로 아근바근한 적 앞에 썰썰기다가 시르죽은 도피를 하는 것은 아니라고 스스로 싹싹하게 믿는다.

범게 · 2

범게가 삶의 선함을 즐기는 노량이 되지 않을 능둔 옆걸음을 걷는다. 선으로의 자량한 바른 지향을 간직하고 상대를 비켜서 옆으로 보보행진하는 자기의 보행의 품격과 법도를 확고히 굳힌다. 이 보행의 가치의 기준을 방심하여 옆걸음을 바꾸어 자승지벽으로 상대의 앞으로 변화난측하세 능갈맞은 행동을 하며 걸어간다면 자신이 만들어 낸 자반처에 파묻혀 즐기는 꼴이 될 것이므로 이를 자빡대어 거부한다. 온전한 정신을 차리지 않고 다른 생을 데면데면하게 앞질러 지나가게 될까 보아 두려워서 스스로를 통제하여 조심한다. 상대에 일탈한 자행으로 변별없이 냉갈령부려 앞질러가서 변출불의하게 야지랑으로 넉장뽑아 범로하고 상대를 대뜸 답치기놓아 넉동다가게 쓰러뜨리는 자닝할 베정적 해를 주지 않을 자중하는 옆걸음으로 자박거려 뒤따른다. 자아를 극복한 그렇게 느물은 자유삼매를 하지 않도록 이르는 자신에 자종하는 어려운 과정끝에 도달한 경지의 몸소 삼가 벋서지 않는 행동의 정연한 질서와 허물이 없는 넘늘한 우아함의 성품을 보인다. 그의 영광으로 들어갈 늘품 일률 옆걸음의 기지에 탁마한 아름다움이 있다.

땅까마귀

땅까마귀는 떡갈나무 기둥의 내다기 속에 들어 있는 것의 전체를 총체적으로 바라보려고 냅떠서서 목을 끼룩하고 실눈을 뜨고 살피다가 자신의 나무와의 소속의 의식이 강화된 나무에 헤사할 마땅한 포획과 으당 자기가 진둥한둥으로 일껏 깔밋한 생존을 위해 진수로 할 해충의 애벌레를 보고 아긋한 기쁨으로 두 눈이 휘둥그래지면서 깜냥으로 꾀바르게 상황에 맞추어 막대기의 나근대는 군것진 가지를 다듬고 막대기의 끝에 고부라진 날쌍한 가지가 연결되어 있게 모양을 잡아간 난든집난 도구로 만들어 써서 어웅한 내다지 속의 을러메는 막다른 공황으로 아득아득하여 곱드러지고 지지러뜨려진 해충의 애벌레를 쓰적거려 그러낸다.

밀물가마우지

밀물가마우지는 냉정한 자기 희생의 뼈저린 고통의 가장 어려운 상황의 깊은 강물 속을 어려움을 회피하지 않으며 시련에 굽히지 않고 용기있고 끈기있게 20m까지 곤두박질하여 때없이 먹이를 물어다 후대하여 먹여 몸 전체에 요밀하게 퍼져 막중한 생명의 정기가 될 새끼들의 욕망이난망할 위복의 은혜로운 먹이를 부나하게 구할 끌탕으로 때로는 가혹하게 생각될는지 모르는 맴을 고되면서도 견딜만하다고 하며 오래 참을 줄 알아 되풀이하여 돌고 나면 온몸이 추위로 덜덜 떨리고 장애물에 부딪혔던 순간들로 몸체가 여위고 일이 너무 어려운 나머지 몸이 아래로 축축 늘어지고 기운이 지쳐서 눈이 때꾼하고 생기가 없다.

야생거위

야생거위는 한 번 살만한 곳을 가려서 정하면 장소를 바꾸지 않는다. 가난의 모범이 될 움막에 성립한 자리를 소유욕에 적절한 방향전환을 하지 않을 삶의 방식이 있다. 부의 최고로의 탐욕의 실체가 되는 탈선으로 빗더서지 않도록 자기를 방어한다. 가진 것이 없는 생에게 천만부당하게 무소유를 보추없다고 비아냥거리고 비웃적거리고 배척하고 불퉁하게 불행으로 결정지어 버리는 죄악으로 치닫는 것이 되지 않을 삶의 지향이 있다. 욕망을 성찰하지 못한 불풍난 생이 봉대받는 승자가 되고 벌써 붓날은 욕망을 절제한 생은 부당당하게 패자로 물러서게 하는 그런 불의행세는 견디지 못한다. 분개없는 일을 불금이자금한 자신이 불계한 비슥거려 욕망을 부르쥔 헝겁하는 가진 생에게 참늒하게 착착부닐고 비나리치고 비대발괄하는 결코 빙충맞은 불온당한 것이 될 수 없는 불기할 분간하는 몸부림이 있다.

자신의 장소바꿈으로 세상에 부숫그릴 북새놓는 소용돌이를 일으키게 될 것을 감당해야 할 일은 없다. 그 자신의 부개비잡히지 않을 불요불굴한 정신의 여전히 한 장소를 충실히 희망하며 상존할 항구적인 기반 위에 불가근할 욕망의 세력에 봉족들지 않고 불거하여 봉공한 불후지공의 역군이 된다.

무당벌레

무당벌레는 일을 하는데에 날개를 대뜸 접고 몸을 댕가리지게 하여 콩잎 위에 계속 퍼니앉아 있지 않는다. 무당벌레가 자신의 생의 권위를 대할 자세로 제 생존의 일을 하러 갈 날개를 타태로 접은 채 여러 발들로 분별없이 땅위를 기신거려 느린 걸음으로 걷는 양상을 띠지 않는다. 무당벌레가 날개로 닐아가 일할 생각을 파뜩파뜩 빠르게 번져내는 자체의 기준으로 팔팔결 자기를 탄명스럽게 다른생에게 담타기하는 것이 되지 않으려고 기써서 터울거린다. 무당벌레는 제 존재 이유를 알지 못하는 위각난 것이 되어 다른 생에게 부당하게 근대지 않을 무엇과도 바꿀 수 없는 소중한 가치를 지닌 금기의 탁출한 생각을 잠시도 잊지 않고 퍼뜩 떠올려 얼마라도 한없이 일한다. 무당벌레는 일로서 언제 날개를 펴고 날아오를지 모를만큼 길바로 궁긍하는 근후한 탁행으로의 근사모은 매우 치밀한 정신을 통해 일한다. 무당벌레는 남다른 투지와 끈기있는 생의 아주 중요힌 규칙으로 일을 하여 자신의 일할 근근한 의지를 강화한다. 무당벌레는 자신의 중심이 되는 평생이 걸리는 생존의 일을 용의주도하게 하러 늦추지 아니하고 더넘스럽지 않은 날개를 한껏 펴고 특달하게 펄럭이어 팔면영롱하게 날아오른다.

아프리카코끼리

아프리카코끼리는 제 정신에서 나온 말 한마디나 마음먹은 것이 그대로 드러나는 행동 하나마다 제 존재를 앙드러지게 높이는 조용함으로 상대의 존엄성을 손상시키지 않으며 얀정없이 애꿎은 비판의 대상이 되게 하지 않으며 진실한 생으로서의 타당한 대우를 받지 못하게 알짱거려 야멸지게 함하지 않으며 천만부당하게 궁지로 몰아 참혹한 파멸의 구렁텅이로 빠뜨리지 않으며 야슬거리는 참소의 애성이로 괄목하게 하고 분열되게 하고 적대관계로 도저히 참서하여 어울릴 수 없는 척의가 돼버리게 하지 않는다.

아프리카코끼리는 이 조용한 순수영혼의 창쾌한 혈통을 받아 그 스스로의 삶이 책비빈아야 할 생들이 자기의 행악을 허허탄식하고 참세하여 이 가장 행직한 행의를 행습으로 행신할 행세본이 되어 있다.

제5부

시집평설

모국어의 사랑 시로써 실천 돋보여

박 진 환
(문학평론가 · 문학박사)

1. 前提

세계적으로도 우수한 우리 말을 두고도 우리 말로 시를 쓸 수 없었던, 그리하여 강요된 외국어로 시를 쓰거나 아예 붓을 꺾어버렸던 아픈 역사가 우리에게는 있다. 일제 강점기의 36년이 그러했다.

언어예술을 대표하는 시의 경우, 모국어로 시를 쓸 수 없었거나, 그럼으로써 아예 붓을 꺾어버려야 했다면 이는 분명 예술에 대한 포기요, 말살행위가 된다. 그것도 강요에 의해 자행된 언어 말살에 의해서 였다면 예술로서는 최고의 비극일 수 밖에 없게 된다.

楚之狂者楚言이란 韓詩外傳에 나오는 말이 있다. 초나라 사람은 비록 광인일지라도 초나라 말을 했다는 뜻이니 한나라의 말은 언제까지나 변치 않음을 의미한다.

현대식으로 풀면 모국어에 대한 지극한 사랑쯤이 되고, 자기 나라 말에 대한 자긍심과 자긍심을 지킬 줄 아는 조국이나 민족의식의 발로쯤이 될 것으로 본다.

모국어를 사용할 수 없었던 시절, 그것도 언어 말살을 통한 민족성 해체와 해체를 통한 속국화를 꾀하고자 했던 한 · 일 합방의, 언어를 상실하고 살아야했던 일제 강점기의 色盲年代에 우리는 이를 체험하기도 했다.

문제는 이러한 역사적 사실에 있지 않고 오늘의 언어 현실에 있다. 국적을 알 수 없는 외래어의 범람, 이 범람에 편승하면서 혀를 굴리고 꼬부려야 언어구실을 할 수 있다고 착각하는 노린내 나는 우리네 언어 현실에 있다는 뜻이다.

자랑할만한 모국어도 제대로 구사하지 못하면서 유행병처럼 자행되고 있는 언어연수를 위한 유학이나 화려한 네온으로 장식된, 눈부신 현란한 외래어 간판, 그런가 하면 말끝마다 노린내를 풍기며 즐기는 외래어의 구사는 물론 그래야만 멋스럽고 유식의 척도가 된다고 믿는 오늘의 언어현실이 자행하는 모국어에 대한 모독은 필자만에 의해 제기된 문제는 아니다.

시인을 일컬어 언어의 지배자라고도 하고 언어에의 봉사자라고도 한다. 전자적 경우가 I . A 리처즈로 대표된다면 후자의 경우는 싸르트르로 대표될 수 있을 것으로 보는데 언어를 지배하건, 봉사하건 표현은 각기 달라도 다같이 시는 언어예술이라는데 귀결될 수 있을 것으로 본다.

시를 일컬어 신의 말이라거니, 특권을 가진 거짓말이라거니, 언어의 방법이니, 몸은 언어의 세계에 의탁한다거니, 말로 표현할 수 없는 것을 말해주는 언어라고 했던 시에 대한 명언들도 한맥락에 잇대이는 시를 언어예술이라는데 귀결시키는 것이 된다.

일찍이 하이데커가 시를 몸을 언어의 세계에 두고, 언어를 소재로 하여 창조된다고 피력했던 것도 같은 맥락의 것으로서 시를 언어예술로 보는 견해였다고 할 수 있다.

필자도 일찍이 "시는 최소의 언어를 투자하여 최대의 감동을 마진으로 챙기는 언어경영"이라고 피력한바가 있다. 그것은 시가 절제된 언어로써 절제로는 통제할 수 없는 감동의 확산을 언어경영으로 챙기고 체험할 수 있다고 믿었기 때문이었다.

이러한 전제는 모국어에 대한 지극한 사랑과 잊혀져가는 모국어를 재발견, 우리말의 순수와 본질을 회복함으로써 언어에 봉사하고자 하는 시적 신념에서 시를 출발시키고 있는 한 시인의 시를 말하고자 한 모두성 발언이라는 점을 밝히면서 시세계를 조명해보고자 한다.

2. 시와 언어에 대한 문제제기

시집 『지혜의 찬가』는 잊혀져 가고 사라져가는 모국어의 언어적 의미와 기능을 시를 통해 회복함으로써 순수한 우리말의 재발견에 봉사하고자 하는데서 출발시킨 시 80여편을 수록하고 있는 차신애 시인의 두 번째 시집이다.

일찍이 시집 『차고 투명한 혼』을 상재한 후 오랜 침묵을 깨고 엮어낸 이번 시집은 이런 의미에서 시인의 모국어에 대한 사랑과 사랑을 자신의 시로써 실천함으로써 모국어에 봉사하고자 하는 정신차원의 산물들이라고 할 수 있다.

일찍이 싸르트르가 피력한 시인은 언어를 사용하는 것이 아니라 언어에 봉사한다는 명귀를 떠올리게 하는데 차신애 시인의 모국어에 대한 봉사도 같은 맥락에 잇대어 볼 수 있지 않을까 싶다.

차신애 시인이 동원하고 있는 시어들 대부분은 고유 · 순수한 우리 말이면서도 이미 잊혀져 사용하지 않거나 그 때문에 사라지기 직전의 언어들로서 사전적 해석에 의존하지 않고는 그 뜻을 헤아릴 수 없을만큼 사용의 빈도가 거의 사어에 가까울만큼 가려져 있는 말들이다.

이 구석지고 가려지고 언어역사의 뒤안길로 퇴행이 진행되고 있는 우리말을 이끌어 내어 모국어에 봉사하고자 하는 시인의 참뜻은 매우 높이 살만한 것으로 평가돼야 온당할 것으로 본다.

특히 요즘 같이 외래어가 홍수처럼 범람하는 외래어 탁류에 휩쓸려 우리말이 침몰 직전의 실종 위기에 놓여 있는 세태에서 보면 더욱 그러하다고 할 수 있다. 침몰 직전의 언어들을 건져올려 새로운 언어로 부활시켜 새로운 생명의 언어로 태어나게 하고자 하는 한 시인의 높은 언어 의식과는 자각 그리고 언어를 사랑하는 봉사정신에 박수를 보내면서 몇가지 문제를 제기하는 계기를 삼고자 한다.

첫째 바람직한 우리말의 고유성과 순수성 회복을 통한 모국어의 재발견이 던져주는 문제점이다.

먼저 한편의 시를 제시, 첫째 문제를 논의해 보기로 한다.

카멜레온은 여느 상대와 어우렁더우렁하기를 좋아하지 않는다. 자신의 듣직한 품위로는 상대의 어떤 지옥업력으로나 여겨지는 왁자지껄한 듣그러운 행동을 따라하지 못한다. 어떤 지오한 들먹은 상대와 어리뚝하게 맞붙여 들레며 씨우기보다는 평소의 자신의 드레진 걸음걸이로 상대를 그냥 무심코 지나쳐간다. 만일 상대가 자기의 이러한 어리눅어하는 심사를 들떼놓고 자신을 들떼리어 함부로 모양새가 못생긴데다 동작도 굼뜨고 태만한 놈이라는 둥 과분을 모르고 감히 어디라고 어리댄다라는 둥 구구한 말들을 야스락거려 쏟아내는 상황에 이르게 될 것 같으면 지극히 착한 그 자신도 자기를 덧들이는 지정머리 사나운 상대에게 지정거리지 않고 들뜨여 찐덥게 덥적여야 할 무슨 직성풀릴 조처가 있을 수밖에 없어 도파니 진노하여 들이덤벼 주먹을 전무하여 들입다 지질러 공격을 퍼부어 직수굿하게 할 수도 있을 것이었다. 카멜레온은 모든 생들을 지복으로 이끄는 힘과 지자불혹할 지조와 절개를 지닌 자신이 행여 그 직심을 잃고 드리없이 그랬다가는 상대가 들찬 자기에게서 아뜩하게 내둘려 약비나는 처참한 신세로 덩거칠게 내리질려 진나게 넉장거리되고 말 것이라고 알게 될 자기 죄를 끙짜놓고 덴겁해져서 온몸이 시커멓게 지지러뜨려 질리고 진저리쳐지는 두려움으로 빳빳하게 굳는다

시집 1부에 수록되어 있는 시 「어우렁더우렁 하기를 좋아하지를 않는다」는 조용히 살고 싶다는 화자의 심경을 읽게 하는 예시는 먼저 풀어쓰기의 포스트모더니즘이 즐겨하는 탈구축의 시적 형태를 지니고 있다.

견고한 이미지의 구축으로 결합된 시적 구조를 허물어뜨려 산문식 구조로 풀어낸 일종의 콘크리트포엠에 대한 반동으로 등장한 오펜폼, 혹은 프리폼의 열린시라 보아줄 수 있다. 그러나 형태의 오펜폼이나 프리폼과는 달리 사전적 의존없이는 해

독이 불가능할 정도로 고유한 우리말들을 동원하고 있어 되레 동원된 고유어를 다시 해체하지 않고는 독해할 수 없는 콘크리트포엠과 다를바가 없게 느껴진다. 이점에서 형태의 오펜이나 프리폼과는 또다른 견고한 고유어의 성벽을 쌓고 있어 포스트모더니즘과도 그 본질을 달리하고 있음을 알게 한다.

이것이 이 시가 제기해주는 첫 항목에 대한 답이다. 그리고 이어지는 또 하나의 항목이 될 수 있는 우리 고유어에 대한 해석의 요구이다.

먼저 시제목인 '어우렁더우렁'에서 해독의 길은 막힌다. 그것은 '어우렁더우렁'의 말뜻을 선뜻 떠올릴 수 없기 때문이다. 결국 사전적 풀이에 의존해야 하는데 사전적 풀이는 '여러사람이 가는데 어울려서 엄벙하게 지내는 모습으로 되어있다.

국어학자나 한글 학자, 그리고 국어를 전공했던 분들을 제외하곤 제대로 해석이 어려운, 그러나 순수한 우리말이다. 그리고 해석중에 나오는 '엄벙'이란 말도 그렇다. '침착하지 못하고 주책없이 마구 덤비는 모양을 뜻하는 '엄벙덤벙'에서 취하는 말쯤이 되기 때문이다.

제목에서 이렇다면 본문인 시행이나 시어의 험란성은 이미 예고된 셈이 된다. 그리고 실제로 이 험란성은 첫행의 시어 '든직한'에서 멈춰서게 한다. '사람됨이 되바라라 지지 않고 속이 깊고 묵중하다'란 이 말은 사어는 아니지만 거의 쓰이지 않고 대신 '말이나 행동이 차분하고 진득하다'는 '듬직하다'로 쓰이는 말의 예스러움으로 쓰이는 말이기 때문이다.

좀더 읽어나가 보자, 다음에는 '지옥업력'(불교에서 말하는 죽어서 지옥으로 떨어지는 원인이 되는 악업), '든그러운'(떠드는 소리가 시끄러워 듣기 싫다), '지오한'(맞서 겨우 버티어 나감), '들먹은'(못나고도 마음이 바르지 못하게 행동하다), '어리뚝하게'(옛말로 어리석게?), '들레다'(왁자지껄하게 떠들다), '들레진'(사람됨이 들거지가 있어서 가볍지 아니하다), '어리눅어'(짐짓 못생긴체 하다), '들떼놓고'(사물을 꼭 집어 말하지 아니하고)를 비롯해 다음으로 이어지는 시어 '어리댄다', '야스락거려', '덧들이는', '지정머리', '찐덥게', '덥적여', '도파니', '전무하여','지질러', '직수굿', '들찬', '약비나는', '덩거칠게', '넉장거리', '끙짜놓고', '덴겁해져'등의 시어들은 순수한 우리말들이긴 하나 사전을 찾아보지 않고서는 그 말뜻을 알 수가 없는 지금은 잘 쓰이지 않는, 그러나 순수한 우리말들임에는 틀림없다.

두 번째의 문제는 여기에서 제기된다.

순수 고유어인 우리말을 시어로 동원하는 것은 지극히 당연하고 또 자랑스러우며 시인이면 누구나 외면해서는 안될 사명이기도 하다. 그러나 예시에서 볼 수 있듯이 동원된 시어들을 그것이 비록 우리의 고유 순수어라 할지라도 일일이 사전을 들춰보아야만 그뜻을 터득할 수 있을 정도라면 한편의 시를 해독하기 위해서는 많은 시간을 허비해야 한다는 부담이 따른다. 또 많은 시간을 할애, 겨우 독파했을 때 과연 시가 거둘 수 있는 성과로서의 감동을 체험할 수 있을까 하는 문제다.

시는 의미나 형태만이 아닌 감각상호간의 호소력에 의해 체험하게 하는 감동의 미학이다. 이 점에서 본다면 비록 모국에의 애정이나 충실이라 할지라도 감동에 값할 수 없다면 잊혀져가고 사전속에 묻힌 우리말의 발견을 통한 봉사도 훌륭한 시인의 몫이지만 항용의 일상어를 통해 쉽게 읽히면서 감동을 체험하게 하는 것과 어느쪽이 더 시적 효용을 획득하게 할 것인가가 문제로 제기 되지 않을 수 없게 된다.

여기에서 예시에 대한 평가는 시인의 몫이나 평자의 몫이 아니라 독자의 몫에 해당되게 된다. 이른바 수용미학으로 넘겨질 수밖에 없다는 뜻이다.

시집 『지혜의 찬가』는 이점에서 시 자체에 대한 평가역이나 평가치보다는 언어예술로서의 시와 언어의 문제에 대한 본질적 물음을 제기하기에 이른다. 순수한 모국어의 발견이나 기능회복을 통한 모국어에의 봉사냐? 순수고유 언어기능 회복은 좋지만 독자의 이해를 돕는데 부담이 된다면 봉사와 부담 어느 쪽이 바람직한 시가 될 수 있을것인가? 차신애 시인은 이런 부담을 안고 독자 앞에 서게 된다. 그리고 독자의 선택과 함께 모국어에의 봉사냐, 독자에게의 봉사냐를 두고 시인 스스로의 선택에도 고심을 해봐야할 시점에 와 있다고 보고싶다.

끝으로 세 번째 문제는 시집 『지혜의 찬가』에 수록된 80편의 시 중 오펜폼이나 프리폼으로 쓰여지지 않는 자유시의 기존형식을 취한 「하나를 만들 수 있는 충분한 것은」 외 7편의 시가 끼어있다. 공교롭게도 이 8편의 시들은 사전을 펼치지 않고도 읽히고, 읽혀 해독이 가능한 일상의 편한 언어들을 동원하고 있다. 한편의 시를 제시해 본나.

3월의 목련은 아이의 원피스를 짓는다
목련은 아이의 신비한 몸의 치수에 따라
본을 뜨고 옷감을 마름질한다
원피스의 가슴 부분은

봄비의 물빛 고운 빛깔의 감으로 디자인하고
주름이 충분한 팝슬리브와
아이의 어린 얼굴을 둥글게 받쳐 줄
바람의 플래트칼라를 단다
목둘레와 소매둘레의 부분 연결에는
신축이 넉넉하여 서로 긴밀하게 연결짓는
풀잎의 바이어스테이프를 사용한다
치마폭 허리둘레에는
봄햇살처럼 잔잔한 잔주름을 잡으며
3월 화사한 하늘 아래
목련은 아이의 신비로운 원피스를 짓는다.

전통적 자유시 형태로 쓴 「목련」의 전문이다. 예시에서는 앞의 예시와는 달리 '원피스', '디자인', '팝슬리브', '플레트칼라', '바이어스테이프'등 고유 모국어가 아닌 외래어가 등장하고 있다. 이는 예시가 오펜 · 프리폼에서는 제외된 품목으로서 양념삼아 끼워넣었다는 것으로 미루어짐작해 보게 한다.

또 하나는 예시에서 항용의 일상어를 동원하고 있다는 점인데 이 점에서 앞의 예시 계열의 시와는 형태도 시어도 확연히 구분되고 동시에 시법도 달리 구사되고 있다. 목련의 꽃잎들이 원피스라는 의상으로 제단되기도 하고 마름질 되기도 하며, 한 벌의 원피스로 디자인돼 3월과 하늘과 햇살과 봄의 조화로운 관계를 통해 원피스를 걸친 어린 아이로 재구성되고 있기 때문이다.

이 점에서 예시는 부담없이 읽히면서 신선한 친근감의 설득력을 획득하고 있는데 두 예시의 대비를 통해 시어의 문제는 다시 제기 된다. 하나는 모국에 대한 가려지고 사라져가며 잊혀져가는 순수언어의 발견으로서의 시적 봉사냐, 모국어의 잘 길들여진 일상적 언어로써 독자의 설득력을 획득하는 시적 봉사냐 하는 점이 다시 제기 되기 때문이다.

이 점 차신애 시인의 선택의 몫이고 독자의 수용의 몫으로 넘기면서 결론을 제시하고 싶다.

3. 결어

시와 언어의 문제를 선행시킨 것은 시집 『지혜의 찬가』 가 지니는 시적 평가치 보다 시집을 통한 시와 언어에 대한 평가역 설정이 더 바람직 하다고 여겨졌기 때문에 시에 대한 평가나 해설보다 시와 언어에 대한 해석으로 지면을 할애 했음을 밝혀 두면서 이 문제는 차신애 시인만의 문제가 아닌 모국어를 사랑하는 시인 모두의 몫이란 점을 상기시켜두고 싶다.

그리고 이러한 문제에의 관심을 환기시켜 준 차신애 시인에게 감사하고 앞으로 큰 문운을 누리시길 빈다.

•

차신애(필명 : 홍승혜) 시인은 전남 광주 출생으로 광주사범대학 가정과 졸업 후 창평중·송정여중의 교사를 역임했다. 1993년 『문학과 의식』으로 등단하였고, 시집에 『차고 투명한 혼』, 『지혜의 찬가』가 있다.

•

조선문학시인선 316

지혜의 찬가

2012년 6월 5일 인쇄
2012년 6월 15일 발행

지은이 / 차신애
발행인 / 박진환
펴낸곳 / 조선문학사
등록번호 / 1-2733
주소 · 110-092 서울 서대문구 홍제2동 96-4
대표전화 / 730-2255
팩스 / 723-9373

ISBN 978-89-93614-89-3

정가 8,000원
* 인지는 저자와 합의 하에 생략
* 잘못된 책은 서점에서 교환해 드립니다.